SÍLVIA NAVARRO PERRAMON

94 MINUTOS
MEDIA NARANJA

Editorial Dilema
Madrid, 2026

© Sílvia Navarro Perramon, 2026
© Editorial Dilema, 2026
Ibáñez Marín, 11 - 28019 Madrid
Teléfonos: 91 472 90 71 - 670 367 479
info@editorialdilema.com
www.editorialdilema.com
ISBN: 978-84-9827-730-2
Depósito legal: M-5654-2026

Diseño de colección y portada: Esther Hernández Gonzalo
Fotografía: Compañía La Canina
Maquetación: Julia Gancedo

A todas las que en algún momento me dan espacio
para encerrarme a crear mundos.
A todas las que los habitan.
A todas las que los visitan.

ÍNDICE

Prólogo

Cuando conocí a Sílvia, me dio la sensación de que era una de esas personas que pertenecía al teatro por derecho propio. Era rápida, creativa, inteligente, experta, como si diera cuerpo y forma al personaje de la emprendedora teatral del siglo XXI. Estábamos asistiendo a un curso de escritura teatral con un profesor británico y coincidíamos en los descansos. Al principio no entendía qué hacía ahí, pero fue fácil a raíz de las conversaciones con Sílvia: estaba allí para conocer a una de mis mejores amigas.

Las obras de Sílvia Navarro te hacen aprender, conectar y viajar por la fantasía, el amor, la historia... Pero su calidad humana, ese modo en el que te hace sentir en casa, no debería quedar fuera de ningún prólogo. Ya sea escribiendo una serie, desarrollando los estatutos de una asociación a las doce de la noche, yendo en coche a recoger escenografía, o analizando la última producción que hayamos visto en un teatro en el bar más recóndito del Raval, Sílvia es casa.

De repente, un lugar que me parecía tan solitario como era entonces la Barcelona de principios del 2018, se volvió familiar y dio la oportunidad de ver crecer la figura teatral de Sílvia Navarro hasta la que conocemos actualmente: la directora y dramaturga de la compañía de la Canina, componente de la Junta directiva de la Asociación Catalana de Dramaturgia, autora de siete obras publicadas, entre ellas las fascinantes **Un turista se suïcida, L'últim soviètic** o **Negatius** entre otras. No solo estaba ante una humana excepcional: Sílvia estaba destinada a hacer cosas increíbles.

Las obras que en este libro se publican, **94 minutos** y **Media naranja**, traducciones al castellano del catalán, hechas por la misma autora y revisadas por quien escribe, forman parte de un universo al que Sílvia modela de formas novedosas y únicas: el amor. ¿Tenemos aquí acaso dos obras que podrían haber sido escritas por Nora Ephron? Yo digo sí.

En su teatro, Sílvia transita las relaciones como una cirujana que interviene quirúrgicamente a sus personajes en vivo y en directo, planteando espacios, situciones y emociones que nos colocan en un lugar desconocido, pero del que luego no queremos marchar.

94 minutos (94 minuts) habla de una dramaturga que necesita hacer un experimento sobre el amor (que consiste en enamorarse) para escribir una obra de teatro. Navarro plantea muy inteligentemente el experimento con una estructura de escenas breves, que va complicando a lo largo de la historia, en la que esta historia de amor va complicando a los personajes, a las dos dramaturgas y la historia de una manera irremediable. Porque, claro, puedes comenzar la historia intentando controlar el amor, pero, ¿se puede acaso? Todo ello, sin abandonar ni el cinismo ni la esperanza en ningún momento (¿cómo lo haces, Sílvia?).

Aquí vi poner en práctica la reflexión de Phoebe Waller-Bridge sobre qué es importante al escribir comedia, que se traduciría como "primero hazles reír y, cuando estén cómodos, golpéales con el drama". (Conste que **94 minutos** se escribió y estrenó antes de que todas nos obsesionásemos con **Fleabag** y Andrew Scott, en 2017, también en el Teatre Tantarantana).

Si **94 minutos** plantea si se puede controlar el amor, la segunda obra que tenemos en este libro, **Media naranja** *(Mitja taronja)* nos lleva a una reflexión aún más profunda, sobre aquello que se puede amar o no, e incluso una reflexión sobre el concepto de la pareja ideal. La obra se estrenó en el Teatre Tantarantana con la compañía *La Canina* (formada por Sílvia, Tània, Marçal, Júlia y Adrià, una de las muchas familias de la autora) y recientemente ha ganado varios premios de la Mostra'T de Barcelona, entre ellos premio de público y dirección. **Media naranja** es una obra con guiños a las comedias románticas de los años 80 con un análisis inesperado del materialismo de la sociedad actual. Los sucesos que acontecen en la obra son sorprendentes pero, como en el mejor teatro, también son inevitables.

Los reconocimientos (y premios) que va recibiendo la autora demuestran lo que muchos sabemos: que su talento y compromiso van de la mano y que estamos ante una autora consolidada en la dramaturgia y dirección catalanas.

Mientras se escribe este prólogo, seguramente la autora esté trabajando en proyectos que desconocemos. Quizá debería volver a escribirlo en un mes, un año... Quizá este prólogo nunca debería cerrarse. Quizá debería, simplemente, dejarlo abierto, como hace Sílvia con sus personajes en sus obras, dejando siempre ese final con un camino nuevo y un "¿y ahora qué?".

Leer a Sílvia Navarro es leer a una de las mejores dramaturgas del panorama actual, pero también es leer a una de mis mejores amigas, así que, dejaré que empecéis a leer y juzguéis vosotros mismos.

No sin antes darle las gracias a Sílvia por hacerse mi amiga aquel invierno en la Sala Beckett. Gracias de parte de todas aquellas que habitamos y visitamos los mundos que creaste, creas y crearás.

Irene Hernanz

94 MINUTOS

Sinopsis:
Una dramaturga escribe una obra sobre el amor per-
fecto. Para ello, seleccionará un sujeto de estudio y se
aplicarán todos los condicionantes estudiados y pro-
bados empíricamente en relaciones amorosas de éxito.
Dos actores ensayan una obra sobre una dramaturga
que escribe una obra sobre el amor perfecto. Actores o
personajes, personajes o actores. Relaciones humanas.
¿Se puede crear artificialmente el amor?

Info de la obra:
Desarrollada dentro del programa Cimientos del IATI
Theater de Nueva York
Lectura dramatizada en el IATI Theater de Nueva York
el 23 de abril de 2017

Estrenada en Teatre Tantarantana de Barcelona el 30 de
noviembre de 2017
Intérpretes: Anna Carreño y Adrià Díaz
Dirección: Sílvia Navarro Perramon
Escenografia, vestuario y iluminación: Tània Gumbau
Compañía: La Canina
Una producción de La Canina

How on earth are you ever going to explain in terms of chemistry and physics, so important a biological phenomenon as first love?
– Albert Einstein

De todas maneras, ¿por qué las personas se enamoran de otras personas?
Fran Kubelick en The Apartment
– Billy Wilder y I.A.L Diamond

Y es que también se puede definir la intimidad como el espacio en que somos con el otro. La intimidad es lo que acabamos viviendo con el otro en un espacio compartido.
– Carles Batlle

Un espacio indeterminado durante 1.100 días, en la actualidad.

O un espacio más o menos determinado durante un proceso de ensayos de unas 5 semanas, en la actualidad.

O un espacio escénico habitado durante lo que dura el espectáculo, en la actualidad —sea cual sea la actualidad del "aquí y ahora" de la representación—.

Quizás todos a la vez o un poco de cada.

DRAMATIS PERSONAE

ELLA
ÉL

1. DÍA 0 y DÍA DE HOY

ELLA en el espacio escénico.

ELLA: Esta no es la clásica historia de amor de chico conoce chica. Esta es, simplemente, la historia de amor perfecta. No es una obra de teatro. El amor ya no interesa al teatro, es un tema obsoleto. Tampoco es una historia, de hecho. Es ciencia. El amor, como cualquier otro aspecto de la vida humana, es medible y calculable. El amor, al fin y al cabo, es ciencia. Por lo tanto, podemos construir matemáticamente el amor perfecto. Esto, esto es lo que haremos aquí, hoy.

Pausa.

El primero de los elementos necesarios para que surja el amor es la atracción. Los estudios revelan que se necesita un espacio de tiempo entre noventa segundos y cuatro minutos para decidir si una persona nos atrae o no. Un 55 % de las veces que nos sentimos atraídos por alguien, está relacionado con su físico o su lenguaje corporal; un 38 %, está relacionado con su voz y manera de hablar y solo un 7% de las veces que nos sentimos atraídos por alguien, esta atracción tiene relación con el contenido de su discurso. Nos interesa más, por lo tanto, la forma que el contenido.

Busca al candidato perfecto. Finalmente lo encuentra a él.

ELLA: Hola.

ÉL: Hola.

ELLA: ¿Estás solo?

ÉL: ¿Yo? Sí.

ELLA: Fantástico. *(A público)* Comienzo el flirteo. *(A él)* Está muy bien que estés solo. *(Juzga la tontería que acaba de decir)*

ÉL: Ah.

ELLA: Vamos al grano. *(A público)* No puedo perder el tiempo. *(A él)* ¿Te gusto?

ÉL: ¿Cómo?

ELLA: Pues eso.

ÉL: ¿Cómo que si me gustas?

ELLA: Me refiero a si me encuentras potencialmente atractiva.

ÉL: Bueno, sí.

ELLA: Fantástico. Es decir, ¿follarías conmigo?

ÉL: Hostia.

ELLA: ¿Sí o no? Si es que no, no pasa nada.

ÉL: Pero a ver, te refieres a follar "ahora"?

ELLA: Ahora. En media hora. Una hora. Tres. Sin presión.

ÉL: Pues... Sí.

ELLA: Genial, yo también.

ÉL: ¿Tú también follarías contigo?

ELLA: No, conmigo no, contigo.

ÉL: Ah, gracias. Supongo.

ELLA: Fantástico. E, hipotéticamente, como idea... follarías conmigo los próximos tres años?

ÉL: ¿Qué?

ELLA: Y no me refiero a si follarías conmigo durante tres años seguidos, eso es anatómica y fisiológicamente imposible, me refiero a si follarías conmigo repetida, continuada y exclusivamente durante los próximos tres años.

ÉL: Joder, ¿no hemos follado ni una sola vez y pretendes que nos marquemos tres años seguidos de polvos en la agenda?

ELLA: No, no tenemos que marcarlos en ninguna agenda. Pueden ser espontáneos. Deberían ser espontáneos. Creo que deberían ser espontáneos.

ÉL: Ah, qué bien.

ELLA: Es más, esto del primer polvo ya lo hemos medio hablado y estamos de acuerdo que a los dos es una idea que "potencialmente" nos atrae.

ÉL: Sí, en media hora, una hora, tres.

ELLA: Tú escoges, sin presión.

ÉL: Sin presión... Tienes... Creo que tienes una manera muy curiosa de entrar a los tíos.

ELLA: ¿Entrar a?/ No, no, lo siento, lo siento. No me estoy explicando bien. ¿Te has perdido la primera parte de?/ Me refiero a/ Creo, que no me estás entendiendo.

ÉL: En eso estamos de acuerdo

ELLA: Lo que yo quiero/ Lo que te pido... Lo que te estoy ofreciendo... Es que tengamos una relación amorosa de tres años. Que acordemos, los dos, tener una relación de tres años.

ÉL: ¿Qué?

ELLA: Bueno, de mil cien días, concretamente.

ÉL: Mil cien días... Claro, claro. Mejor redondear, ¿no? Será broma, ¿no?

ELLA: No. No es broma. Estoy investigando la fórmula

del amor perfecto. Todo lo que interviene en el amor: factores biológicos, químicos, neuronales, emocionales. Todo. Necesito mil cien días para llevarlo a la práctica.

ÉL: ¿Eres fan de Frédéric Beigbeder?

ELLA: No.

ÉL: Yo sí.

ELLA: Fantástico.

ÉL: Ya, mira, está muy bien esto de tu investigación. Me refiero a que conozco la teoría de que el amor dura tres años pero/

ELLA: Exacto, la teoría. La teoría está muy bien, pero lo que yo quiero es hacer una investigación empírica sobre el tema. Práctica. Vivir el amor perfecto. Per eso te pido/ Te ofrezco… la posibilidad de ser la mi pareja los próximos mil cien días. Y hablo de pareja porque me niego a hablar de nosotros como simples sujetos, como si fuéramos ratas de laboratorio.

ÉL: ¿Te dedicas a la neurociencia o algo así?

ELLA: Dramaturga.

Pausa.

ELLA: Estoy empezando a escribir una obra sobre el tema. Intentando encontrar los personajes.

ÉL: ¿Y por qué no te inventas este "amor perfecto" entre dos personajes de ficción? Coges la teoría y te inventas la práctica.

ELLA: Sí, sí, sí, marco teórico, trabajo de investigación, referentes, bla, bla, bla. No me sirve. No puedo inventármelo. No quiero escribir una fantasía sobre el amor. Es otra cosa. No puedo escribir una obra sobre el amor perfecto sin haberlo experimentado, ¿no crees?

ÉL: Pues enamórate.

ELLA: Eso haré. Haremos. Contigo. De ti. Si tú quieres. No te sientas presionado.

ÉL: ¿De verdad que no es un truco que usas para follar?

ELLA: ¿Crees que me hacen falta truquitos para echar un polvo?

Él la mira. Es evidente que no necesita ningún truco para follar.

ÉL: No, no. Pero escucha, de hecho yo solo había venido a/

ELLA: Lo sé. Entiendo que no se trata de una propuesta demasiado habitual. Pero no te estoy proponiendo crear una relación ficticia. No quiero hacer teatro. Te estoy proponiendo que nos enamoremos. De verdad. Te pido tiempo. El amor necesita tiempo, ¿no? Si simplemente me hubiera acercado y hubiera intentado seducirte para echar un polvo esta noche, quizá no nos veríamos nunca más, quizá repetiríamos, quizá, quizá... Esto ya no lo sabremos nunca, nos acabaríamos enamorando sin querer.

ÉL: Quizá.

ELLA: La única diferencia es que nuestro amor seguirá al pie de la letra todas las normas teóricas, todas las fases que se han observado, seguiremos el manual. Será como preparar una receta de cocina.

ÉL: Durante mil cien días.

ELLA: Redondeando.

ÉL: Joder...

Pausa.

ELLA: Te estoy ofreciendo ser el protagonista de la obra.

Pausa.

ELLA: ¿Tienes algún plan mejor para los próximos mil cien días?

Pausa.

ELLA: Acepta.

ÉL: Acepto. No sé por qué, pero acepto. Como cuando pasas por delante de una administración de lotería llena de boletos en el escaparate y piensas: no la compro, que nunca toca. Y acabas volviendo sobre tus pasos pensando: ¿y si esta vez toca? Compras el boleto y, efectivamente, nunca toca. Eso sentí en ese momento. Tenía delante de mis narices la administración de lotería. De la lotería del amor. No, la lotería del amor suena fatal. A canción cursi de los años sesenta. O no. Quizá sí, quizá sí que el amor, al fin y al cabo, es com o una lotería. Una lotería a la que llevamos centenares de años jugando incansablemente. Tenia delante de mis narices la posibilidad de vivir un amor perfecto. ¿Por qué no intentarlo? Si os dijeran que existe un manual para asegurarse de comprar el boleto ganador de la lotería ¿no os la jugaríais? Si pudierais ser los protagonistas de la obra perfecta, ¿no lo haríais?

ELLA: ¡Eh! Nota de la dramaturga: esta no es la obra perfecta.

Ni de lejos, ni pretende serlo. No jodas.

ÉL: Suena bien.

ELLA: No estamos aquí para/

ÉL: Lo siento.

ELLA: No está bien poner en boca de otros palabras que no/
No seas pretencioso.

ÉL: He dicho que lo siento. Prometo ceñirme al texto a partir
de ahora. Lo siento. He pensado que quedaba bien.

Pausa.

ÉL: ¿Y ahora qué?

ELLA: ¿Ahora qué?

ÉL: ¿Qué hacemos? ¿Cuál es el primer ingrediente? ¿Cuál es
la fórmula infalible?

ELLA: ¿Estás cabreado?

ÉL: ¿Yo? ¿Por qué?

ELLA: Por lo que ha pasado.

ÉL: No ha pasado nada. Se supone que no ha pasado nada,
¿no?

ELLA: No, no ha pasado nada.

Pausa.

ÉL: ¿Y ahora qué?

ELLA: ¿No te lo crees, verdad?

ÉL: ¿El qué?

ELLA: Que exista una fórmula para crear el amor perfecto.

ÉL: No lo sé. Aún no lo sé. ¿Cuál es el primer ingrediente de
la receta?

ELLA: Atracción.

ÉL: Vale.

ELLA: Me parece que vamos bien. Me refiero a que he decidido guiarme por la atracción física. Y ya te lo he dicho antes, follaría contigo.

ÉL: Gracias.

ELLA: De nada. Tú también has dicho que te resulto atractiva y que te acostarías conmigo.

ÉL: Efectivamente.

ELLA: Pues bien, me parece que tenemos un buen punto de partida. Después… Mañana.. En otro momento, te acabaré de contar exactamente las normas y discutiremos las condiciones básicas de nuestra relación.

ÉL: Vale.

Pausa.

ÉL: Bueno, pues… ¿Follamos?

ELLA: Como tú veas.

Pausa breve. Brevísima.

ÉL: No, por mí sí, ¡eh!

ELLA: Vale.

Él se acerca para besarla.

ELLA: Espera.

ÉL: ¿Qué?

ELLA: Este es el día cero, ¿de acuerdo? La fase cero. El día

1 de la fase 1 será mañana. Mañana empezamos la cuenta
atrás.

ÉL: Día 1 de mil cien.

Pausa.

ÉL: ...Él sí que ha leído a Beigbeder. Ha entrado en los
pensamientos de Marc Marronier, que son los del propio
Beigbeder. Es una novela autobiográfica, pero Beigbeder
necesita a Marronier para usarlo como voz. Necesita
encontrar otra voz. La voz del autor. Tal vez es necesario
alejarse para conseguir hablar de uno mismo. El objeto
y el sujeto. Él aún no es consciente de esto. No ha ido
tan lejos. Sabe que el amor dura tres años y que Marc
Marronier acaba el libro celebrando haber encontrado un
nuevo amor. Iniciando otra cuenta atrás. Lo que él no sabe
es que Beigbeder actualmente está casado con una mujer
25 años más joven.

Se acercan para besarse.
En el último instante se detendrán.

2. DÍA 0

Después del primer polvo. A público.

ELLA: No ha estado mal.

ÉL: Correcto.

ELLA: Quiero decir…

ÉL: Mejorable.

ELLA: Para ser la primera vez. Juntos, me refiero.

ÉL: La primera vez siempre es un poco… ¿No?

Se miran.

ELLA: Bien, ¿no?

ÉL: Muy bien.

ELLA: Me refiero a…

ÉL: Muy como… *(gesto indeterminado que tampoco no acabamos de entender.)*

ELLA: Para ser la primera vez, yo diría que bien.

ÉL: La primera vez siempre es un poco…

ELLA: Sí, siempre es un poco…

ÉL: Ya se sabe.

ELLA: Pero ha estado bien.

ÉL: Muy bien.

Pausa.

ELLA: ¿Aún te resulto atractiva?

ÉL: ¿Cómo?

ELLA: Si volverías a follar conmigo.

ÉL: ¿Quieres que volvamos a hacerlo?

ELLA: Sí. No. No, ahora. Me refiero a… Hipotéticamente. Si te hubiera tirado la caña antes y hubiéramos acabado así y ahora cada uno se fuese para su casa…¿Me llamarías?

ÉL: *(A público)* Sí. *(A ella)* ¿Por qué me lo preguntas precisamente ahora?

ELLA: Antes de empezar con el día 1 necesito saberlo. Es importante, en estos momentos, la atracción.

ÉL: Ya te he dicho que me sentía atraído por ti.

ELLA: Ya, pero eso ha sido antes de follar.

ÉL: Ya te he dicho que el polvo ha estado bien.

ELLA: Precisamente.

ÉL: No te entiendo.

ELLA: ¿Tú ves porno?

ÉL: ¿Cómo?

ELLA: Vaya gilipollez, obviamente ves porno.

ÉL: Eh/

ELLA: Tranquilo. Todo el mundo ve porno.

ÉL: Que tiene que ver/

ELLA: ¿No te pasa que entras a internet buscando porno y/ ¿Qué webs miras normalmente?

ÉL: ¿Es relevante?

ELLA: Supongo que no. Pues eso, entras en la web y escoges qué tipo de vídeo quieres ver: lésbicos, tríos, milf, lo que sea, y te pasas diez minutos buscando el vídeo apropiado para la ocasión. Finalmente lo encuentras: la luz es correcta, el encuadre no es excesivamente ofensivo para la vista humana/

ÉL: Sí, te sigo.

ELLA: Y empiezas a cascarte una señora paja. El vídeo avanza y tu estás cada vez más caliente, parece que avancéis en perfecta sincronía. Los de la pantalla, de golpe, son los cuerpos más bellos que jamás has visto, el polvo te parece una coreografía perfecta digna de Pina Bausch, tienes ganas de aplaudir, tienes ganas de entrar en el vídeo y tirártelos: a él, a ella, a los dos, a los tres, a todos, al mismo tiempo y por separado y entonces... Entonces, en el preciso instante que te corres, cuando ya has alcanzado el orgasmo y vuelves a mirar la pantalla del ordenador, te invade una sensación insoportable de asco, que te obliga a cerrar inmediatamente la pestaña del navegador y alejarte para siempre de los monstruos indignos que aparecían fornicando como monos. La magia se acaba. *(Pausa)* ¿No te ha pasado nunca?

ÉL: Joder...

ELLA: Es como ir al súper después de haberte comido un menú de tres platos. Te da asco. Cuando nuestro cuerpo está satisfecho, y tú has dicho que la experiencia ha sido satisfactoria, generas rechazo hacia el mismo elemento que hasta hace unos instantes te atraía.

ÉL: Te entiendo. Te entiendo.

ELLA: ¿Te ha pasado?

ÉL: Sí. Pero no contigo, no ahora. No follando. Me continúas resultando atractiva. Volvería a follar contigo. Lo haremos otra vez. Si quieres. Cuando sea. No sé por qué, no lo sé, porque de hecho esto es una puta locura, pero aún quiero pasar los próximos mil cien días contigo. Aunque no acabe de comprender que significa todo esto. Me resultas atractiva, te lo juro, pero no me hables jamás así de porno de nuevo.

ELLA: Tranquilo, no volverá a salir el tema.

ÉL: Gracias.

Ella le besa. Es un beso horrible, más bien como un choque frontal en la autopista.

ELLA: Perdona.

ÉL: No pasa nada. Culpa mía.

ELLA: Tendríamos que haber ensayado.

ÉL: ¿Tú crees?

ELLA: Los actores ensayan, ¿no?

ÉL: Pero ha sido espontáneo, eso es bueno, ¿no?

ELLA: No buscamos espontaneidad. Buscamos la perfección. Debemos ensayar.

Ella toma notas en su libreta.

ELLA: Y anotar. Lo anotaré todo. Todo lo que considere relevante para la obra.

ÉL: ¿Tomarás apuntes mientras follamos?

ELLA: Durante no, después.

ÉL: ¿Me evaluarás?

ELLA: No, claro que no. Serán ideas, sensaciones… Quizá te resulte extraño, pero es totalmente necesario.

ÉL: ¿Has apuntado cosas antes? Me refiero a después del polvo.

ELLA: Te has quedado dormido.

ÉL: ¿Yo?

ELLA: Los tíos se quedan dormidos después de/

ÉL: Yo no.

ELLA: No discutas conmigo. Yo escribo la obra. He aprovechado para anotar algunas ideas sobre el primer encuentro de los protagonistas. Es necesario tomar notas, y seguramente en algún momento, necesitaré que tú también me ayudes a ordenar las ideas. Te haré preguntas.

ÉL: ¿Podré leer lo que escribas?

ELLA: Evidentemente. No somos ratas de laboratorio, seremos una pareja. Normal y corriente. Casi. Debemos ser completamente honestos el uno con el otro. No puede haber secretos entre nosotros. ¿Nos vemos mañana?

ÉL: ¿Mañana? ¿Ya está?

ELLA: ¿Te parece poco? ¿Tienes móvil? Claro que tienes móvil, qué pregunta más idiota. Déjamelo *(él le deja el móvil)*. Aquí tienes mi número. Si desde ahora hasta la noche no has cambiado de opinión, me escribes y mañana empezamos con la fase uno: atracción.

ÉL: Hasta luego, pues.

ELLA: Hasta luego, supongo.

Él se acerca para besarla. En el último instante, frena.

ÉL: No creo que sea buena idea. Sin ensayar ni nada, ya me entiendes.

3. DÍA 1

Durante toda la primera parte de la escena, mientras hablen directamente a público se irán escribiendo mensajes al móvil el uno al otro. Sonrisas idiotas, de las que corresponden a la fase uno.

ELLA: El segundo ingrediente consiste en crear una complicidad entre los dos miembros de la pareja, una conexión que, junto con la atracción inicial, serán el motor del interés creciente en el otro.

ÉL: Con la atracción, con el primer polvo, hemos visto que el terreno es fértil. Ha llegado el momento de plantar una primera semilla.

ELLA: Según la antropóloga Helen Fisher, el amor es una de las sustancias más adictivas de la tierra. El nivel de adicción y la explosión de reacciones químicas en el cerebro, son comparables a las que provoca la adicción a la cocaína. Nuestro siguiente paso será crear artificialmente esta atracción para que acabe volviéndose real.

ÉL: En esta primera fase de atracción, los miembros de la pareja focalizan toda su atención en el otro, especialmente en detrimento de amigos y familiares, se magnifican todas las características positivas del otro, se anulan las posibles características negativas y aparecen cambios contantes de humor juntamente con el pensamiento intrusivo: la incapacidad de poder dejar de pensar en el otro y la necesidad constante de verlo o estar en contacto.

Guardan los móviles. A él.

ELLA: Un experimento de Arthur Aron en 1997 consiguió crear distintas parejas a través de una batería de preguntas durante 90 minutos y de mirarse, después de haberlas contestado durante 4 minutos seguidos a los ojos, en silencio. Este será el inicio de la fase de atracción.

ÉL: Vamos, que nos haremos preguntas.

ELLA: Nos haremos la batería de 36 preguntas creadas por Aron. Están organizadas en tres fases, de manera que cada vez serán más íntimas. El experimento original se hizo con personas que no se conocían de nada.

ÉL: Invalidaremos los resultados.

ELLA: No. Después se ha repetido con personas que habían tenido algún contacto previo y los resultados han sido igualmente válidos. Además, en nuestro caso, no sabemos nada el uno del otro.

ÉL: Hemos follado.

ELLA: Por lo que sabes de mí, podría ser perfectamente una psicópata.

Pausa.

ÉL: No eres una psicópata. Y follar es bastante íntimo.

Él coge un sobre.

4. LA GENERACIÓN EXPERIMENTAL DE INTIMIDAD INTERPERSONAL: PRIMERA PARTE

Las preguntas se pueden contestar tal y como están escritas, contestar a unas pocas, o bien que los actores respondan de manera honesta al cuestionario.

ÉL: "1. Si pudieras elegir a cualquier persona del mundo, a quién invitarías a cenar?"

ELLA: ¿Viva o muerta?

ÉL: No lo especifica. Viva.

ELLA: Vale. De buenas a primeras se me ocurren unos cuantos famosos. Pero, ¿de qué hablas? ¿Con alguien a quien no conoces por más que lo admires? Odiaría pasarme la cena mirando el plato como una idiota, pero tampoco me atrevería a decir nada por miedo a soltar alguna imbecilidad. Pongamos que invito a cenar a un amigo de toda la vida y nos ponemos al día de nuestras vidas.

ÉL: Por lo tanto, ¿a quién escoges?

ELLA: Billy Wilder.

ÉL: Billy Wilder es famoso.

ELLA: Me toca ."2. Te gustaría ser famoso? ¿De qué forma?"

ÉL: No, creo que no. No saber si la gente se te acerca por quien eres o por como eres debe volverte bastante loco. "3. Antes de hacer una llamada telefónica, ¿ensayas la conversación? ¿Por qué?"

ELLA: Prefiero improvisar. *(Él se ríe)* Oye, ¡es cierto! Aunque te parezca mentira, prefiero improvisar. Cállate y déjame continuar. "4. Explica qué tendría tu día perfecto".

ÉL: Difícil. No lo sé. Para que sea absolutamente perfecto no puede haber nada planeado previamente.

ELLA: ¿En serio?

ÉL: Soy un jugador nato. "5. ¿Cuál ha sido la última vez que has cantado en voz alta? ¿Y que has cantado en frente de alguien?

ELLA: En voz alta y sola, en el coche, doy unos interesantes recitales en el coche. Y delante de gente… Vale, es muy horrible… En una cena con excompañeros del instituto acabamos en un karaoke y acabé cantando… Lo entenderé si sales corriendo… Wannabe de las Spice Girls.

ÉL: *(ríe)* ¿Qué Spice eras?

ELLA: Tienes mil cien días para descubrirlo. Me toca. "6. Si pudieras vivir hasta los noventa años y mantener el cuerpo o la mente de cuando tenías treinta, ¿que escogerías?

ÉL: La mente. Odiaría llegar a los noventa completamente senil, aunque tuviera un cuerpo de escándalo como el que tengo ahora. "7. Tienes alguna intuición secreta de cómo morirás?"

ELLA: Cojones.

ÉL: Qué gore.

ELLA: No. No tengo ninguna intuición secreta. Prefiero no pensar en ello. Pero si no estuviera respondiendo a este cuestionario de manera totalmente honesta y transparente, te hubiera respondido cualquier imbecilidad, como por ejemplo, por sobredosis de barbitúricos vestida de Elvis Presley. "8. Enumera tres cosas que crees tener en común con tu interlocutor."

ÉL: Creo que usamos el humor absurdo para evitar ciertos temas.

ELLA: Soy una persona bastante absurda.

ÉL: Adoramos lo absurdo. "9. ¿Hay alguna cosa en tu vida de la cual te sientas muy agradecido/a?"

ELLA: Me siento muy agradecida de haber contado con el empujón de amigos y familiares el día que dejé mi trabajo de 14 pagas al año para dedicarme a escribir teatro y vivir al límite de la mendicidad. Y me agradezco a mí misma por haber tenido el valor de tomar esa decisión. "10. Si pudieras cambiar alguna cosa del modo en que creciste, ¿qué sería?"

ÉL: Me hubiera gustado conocer a mi padre.

ELLA: Esto suena muy Luke Skywalker.

ÉL: Lo digo en serio.

ELLA: Perdona.

Pausa.

ÉL: "11. Explica en cuatro minutos tu vida con el máximo detalle posible."

ELLA: Vale, cuatro minutos, ¿no? Joder... Nací el 27 de noviembre. Como mi cumpleaños cae en el inicio del curso escolar, los compañeros de clase siempre traían a mi fiesta regalos chulos, pagados por sus padres. A los niños que cumplen años a principio de curso se les hace mejores regalos. Los de final de curso pringan porque los padres ya están hasta el moño de pagar regalitos. Una profe de lengua me dijo que se me daba bien escribir. En verano iba de camping con mi familia. Me encantaba. Después odié ir de camping. Mi primer beso me lo dio un chico llamado Javi a los 13 años. A los dieciocho empecé a estudiar Biología. El primer año perdí la virginidad con un compañero de clase. Trabajé 5 años en un laboratorio. A los 26, mientras todas mis amigas empezaban a casarse y tener hijos, yo decidí dejar el trabajo y escribir teatro. He escrito 3 obras sin ninguna repercusión. Mi relación más larga ha durado dos años, no llegamos a vivir juntos. Me gusta vivir sola. A veces hablo con los personajes de las series. Eso es todo. Creo. Lo he hecho fatal, ¿no?

ÉL: No, está bien. Me hago a la idea.

ELLA: "12. Si mañana despertaras con una nueva habilidad, ¿cuál te gustaría que fuera?"

ÉL: ¿Un superpoder vale como respuesta?

ELLA: Supongo.

ÉL: Me gustaría viajar en el tiempo.

5. DÍA 550

ÉL: He pensado una cosa.

ELLA: Dime.

ÉL: ¿Sabes qué día es hoy?

ELLA: Sí. *(se lo enseña, día 550)*

ÉL: Hoy hace exactamente 1 año y 6,07 meses que estamos juntos. Podríamos hacer algo especial.

ELLA: Ninguna pareja celebra el año y 6,07 meses.

ÉL: No existe ninguna pareja como nosotros.

ELLA: ¿Qué te apetece hacer?

ÉL: Quiero venirme a vivir contigo.

ELLA: Joder.

ÉL: ¿Qué? ¿No quieres? ¿Te he asustado? ¿O quizás existe algún tipo de cálculo que indique cuál sería el momento ideal para tomar esta decisión?

ELLA: No. Me has pillado por sorpresa. ¿Lo dices en serio?

ÉL: Totalmente. ¿No te parece bonito llegar a la mitad y empezar a vivir juntos?

ELLA: ¿Cómo te sientes?

ÉL: ¿Eso es un sí?

ELLA: ¿Cómo te sientes?

ÉL: Siento que no me basta lo que tenemos ahora. Pasamos juntos prácticamente todas las noches de la semana. Tengo más ropa aquí que en mi casa. ¿Por qué no hacerlo oficial?

ELLA: ¿Estás seguro?

ÉL: Segurísimo. No duermo pensando en ir a comprar los sábados por la mañana con el coche al supermercado del centro comercial y discutir en el pasillo de los lácteos porque tú quieres yogures desnatados y yo los prefiero griegos. ¿Eso es un sí?

ELLA: ¿Eres consciente de que muchas parejas se separan en los primeros meses de convivencia?

ÉL: No existe ninguna pareja como nosotros. Nuestro futuro se limita a un año y 6,07 meses más. No somos como los demás, pero tampoco quiero renunciar a hacer algunas cosas como los demás.

ELLA: ¿Y si nos peleamos?

ÉL: En un año y medio, si te he visto no me acuerdo. ¿Eso es un no?

ELLA: ¿Estás completamente seguro?

ÉL: ¿Eso es un sí?

ELLA: ¿Cómo te sientes?

ÉL: ¿Eso es un sí?

ELLA: Sí.

ÉL: Feliz.

Pausa.

ÉL: ¿Y tú?

ELLA: También.

Ella le coge la mano.

6. DÍA 4

A público, sin soltarse de la mano.

ELLA: Hasta el momento, los cuatro primeros días, nuestros encuentros se han basado en fomentar la atracción.

ÉL: A través del método de Aron para fomentar la intimidad y también de compartir otras preguntas menos personales pero de vital importancia. *(A ella)* Escoge cuatro ingredientes para una pizza.

ELLA: Aceitunas, jamón, atún y un huevo. Kevin Costner, ¿buen actor o mal actor?

ÉL: Lo siento, pero no me atrevo a catalogarlo como actor. ¿Opinión sobre las personas que dejan que sus perros les laman toda la cara a modo de saludo?

ELLA: Lejos de mí, por favor. ¿Cantantes en el metro?

ÉL: Crimen contra la música. ¿La mejor serie de televisión de la historia?

ELLA: Friends.

ÉL: No hay más preguntas, señoría.

A público.

ELLA: Durante esta primera fase de atracción se activan doce partes del cerebro que trabajan conjuntamente para liberar sustancias químicas que conducen a la euforia. Como por ejemplo la dopamina, que asocia el objeto de nuestro afecto con el sistema del placer del cerebro.

ÉL: O la feniletilamina, que es una anfetamina natural y puede causar los mismos efectos estimulantes que la droga del mismo nombre. Contribuye a la sensación de "tocar el cielo".

ELLA: Norepinefrina: adrenalina natural. Provoca que el corazón lata con más fuerza y aumente la presión sanguínea. Por eso parece que se nos salga el corazón por la boca o no sudan las manos cuando estamos con una persona que nos atrae.

Miran sus manos entrelazadas.

ELLA: Y llega el día en que debemos hacer pública nuestra situación contractual de pareja. Lanzamos el mensaje al mundo. No es un gesto demasiado grande, es un gesto pequeño, imperceptible. Seguramente nadie nos mira raro, pero nosotros lo tomamos como un gesto de consolidación. Salimos de la cafetería donde hemos quedado para hablar y me dice que me acompaña a casa. Al salir, me coge la mano. Es un gesto espontáneo, no estaba previsto ni planeado. No lo hemos ensayado. No lo puedo apuntar porque tengo mi mano ocupada con la suya. Le miro y para él parece que es lo más normal del mundo, no se inmuta. Recorremos todo el camino con las manos entrelazadas. Como si lo hubiéramos hecho toda la vida. Las manos nos sudan un poco. Llegamos a mi casa. Se ha hecho de noche. Es la postal perfecta. La luz es perfecta y mi portal, cosa extraña, no apesta a meados de perro, cosa raramente perfecta.

ÉL: Lo del beso…

ELLA: ¿Qué?

ÉL: Ese beso del otro día…

ELLA: El desastre.

ÉL: Ese. Lo de ensayar, buscar la perfección.

ELLA: Fíjate. Vivimos en la cultura del elogio del beso. ¿Cuántas canciones te sabes que van de besos? *It's in his Kiss*, *I kissed a girl*, *Kiss me...* ¿Cuántas series o películas hemos visto donde justo antes del beso suenan los violines para indicar que estamos a punto de ser testigos de un gran momento? Los últimos estudios de Hollywood indican que hoy en día se cuidan mucho más las escenas de besos, que las de sexo.

ÉL: Ya.

ELLA: Lo que quiero decir es que si la próxima vez los dos somos más conscientes, si los dos ponemos toda nuestra energía, si conseguimos el escenario perfecto...

Él hace chasquear los dedos y de golpe el escenario queda iluminado con la luz perfecta para la ocasión. Magia.

ELLA: Tal vez, un beso perfecto, puede ser una buena inyección de feniletilamina para nosotros.

ÉL: De acuerdo. Hagámoslo. Tenemos el escenario perfecto.

A público. Acercándose.

ÉL: Un buen beso aumenta nuestro pulso y dilata las pupilas.

ELLA: Un buen beso provoca que nuestro cerebro reciba más oxígeno del que es habitual y nuestra respiración sea entrecortada. ¿Preparado?

ÉL: Sí.

Les da la risa. Com podría pasarles a dos actores que ensayan.

ELLA: Perdón, perdón.
ÉL: Culpa mía. Lo siento.
ELLA: Ha sido como/
ÉL: Venga, otra vez, en serio.
ELLA: Espera. Vale, ya.

Lo vuelven a intentar. Esta vez en silencio absoluto. Se besan, el público debería pensar que es un buen beso. Al acabar, los dos se miraran y acto seguido empiezan a buscar "algo" con la mirada por el espacio.

ÉL: Ha estado/
ELLA: Bien.
ÉL: Sí, bien.
ELLA: Bonito.
ÉL: Creo que el corazón me late más deprisa.
ELLA: A mí también.
ÉL: Pero no ha sido como/
ELLA: No. No.
ÉL: No hay violines ni nada.
ELLA: Será que no nos los hemos ganado.

Ella coge la libreta y anota.

ÉL: Igual si improvisamos.
ELLA: Yo creo que improvisar no funcionará, tal vez debemos tener en cuenta otros factores que/

Él la besa de nuevo.
Un beso más bonito que el anterior, debería pensar el público.

ÉL: No, no. ¿Verdad que no?
ELLA: Tampoco. Pero gracias, eh.
ÉL: A ti. De verdad. Buenas noches.
ELLA: Buenas noches.

Él sale.

ELLA: Un beso que te hace tocar el cielo, genera tanta oxitocina en nuestro sistema, que crea un vínculo automático con la otra persona, haciéndonos creer que hemos encontrado al compañero de viaje perfecto.

7. DÍA 294

ÉL: ¿Seguro que voy bien así?

ELLA: Sí.

ÉL: ¿Con corbata o sin corbata?

ELLA: Sin corbata, por favor. Que no parezca que vamos a una cena de empresa.

ÉL: No sé que nivel de formalidad exige la ocasión.

ELLA: ¿Te da miedo conocer a mis padres?

ÉL: No. Miedo, no. Respeto.

ELLA: A mí tampoco me hace gracia, no te creas. Debería borrar a mi madre del Facebook. Es antinatural tener a los padres en el Facebook. Vio esa foto en la que nos etiquetaron y corrió desesperada a llamarme para preguntar quién era ese chico que me cogía por la cintura.

ÉL: Podrías haber mentido.

ELLA: Nada de mentiras, ya lo sabes. Tampoco con terceras personas. Pero estoy nerviosa.

ÉL: Tranquila, que no tengo previsto avergonzarte.

ELLA: Lo que me preocupa es/ Bueno, no me preocupa, más bien es una sospecha fundada, es que pasará justamente lo contrario. Encontrarán la manera de hacerme pasar vergüenza. Solo espero que no me pregunten si pensamos ir juntos a la boda de mi prima segunda a la que no veo nunca.

ÉL: Si quieres puedo acompañarte a la boda.

ELLA: No pienso ir ni yo. ¿De verdad crees que te sometería a semejante tortura? Bueno, igual con un poco de suerte mi padre no abre la boca.

ÉL: Hablaremos de fútbol. Interpretaremos el papel de

machos alfa que impresionan a las hembras.

ELLA: Vámonos.

Pausa.

ÉL: ¿A qué vienen tantos nervios? Empiezo a tener miedo.

ELLA: Con tu madre fue muy fácil. Casual. No necesito una cena formal en un restaurante. Un café. En casa. Fácil. A los cinco minutos me sentía como a de la familia. La adoro.

ÉL: Creo que debemos de estar haciéndolo muy bien, esto de crear el amor perfecto, si incluso te cae bien tu suegra.

ELLA: Mi madre siempre pone el listón demasiado alto. Tal vez es porque soy su única hija y por lo tanto su única esperanza. Tal vez es porque ella no fue hija única y tuvo que sobrevivir entre todos sus hermanos. Ella siempre espera un poco más de mí. Siempre termina haciendo el comentario que me saca de mis casillas. ¿Sabes qué me dijo cuando le conté que llevamos saliendo nueve meses?

ÉL: ¿Qué?

ELLA: Que si en el primer polvo me hubieras dejado embarazada ella ya sería abuela.

ÉL: Joder.

ELLA: Es así de encantadora.

ÉL: Venga, vamos, llegaremos tarde.

ELLA: Sí.

Ella coge la libreta.

ÉL: Tengo la sensación de que hoy tomarás muchos apuntes.

En vez de una obra de teatro, al final acabarás escribiendo *En busca del tiempo perdido*.

ELLA: Puede ser. ¿Cómo te sientes?

ÉL: Me sudan las manos.

ELLA: ¿Estás nervioso?

ÉL: Sí, será esto, estoy nervioso.

ELLA: Ella no sabe qué es *En busca del tiempo perdido*. Es una novela de Proust. La novela más larga del mundo. Un millón trescientas mil palabras. Una historia de amor, de hecho. Ella ha respondido "Puede ser", sin pensar. No pretendía hacer ver que conocía el libro. Odia a la gente pretenciosa. Está nerviosa. No por la cena, a pesar de que haya dicho que está nerviosa por la cena. Está nerviosa porque ha escrito 29 páginas de la obra y no ha conseguido alejarse de los tópicos del amor. El enamoramiento, la convivencia, conocer a los padres. La dramaturga escribe, una vez más y sin poder evitarlo, la típica historia de amor.

8. LA GENERACIÓN EXPERIMENTAL DE INTIMIDAD INTERPERSONAL: SEGUNDA PARTE

ÉL: "13. Si una bola de cristal pudiera decirte algo de tu vida o de tu futuro, ¿qué le preguntarías?

ELLA: Le preguntaría qué puedo hacer para ser más feliz. "14. ¿Hay algo que hayas soñado con hacer durante tiempo? ¿Por qué no lo has hecho?"

ÉL: Bueno, hay una cosa. No me deja dormir. Necesito... saber qué Spice Girl eras.

ELLA: Que te folle un pez.

ÉL: "15. ¿Qué es lo más importante que has conseguido en esta vida?"

ELLA: Conseguir que un desconocido quiera pasar mil cien días conmigo para ayudarme a escribir. "16. ¿Qué valoras más en una amistad?"

ÉL: La honestidad. "17. ¿Cuál es tu recuerdo más preciado?"

ELLA: La primera vez que viajé sola. Bienvenida al mundo adulto. "18. ¿Cuál es tu peor recuerdo?"

ÉL: Cuando tenía nueve años mi madre me cambió de colegio porque nos habíamos mudado de casa. A las pocas semanas de empezar el cole nuevo fue mi cumpleaños. Mi madre organizó una fiesta para mí y mis compañeros de clase, para que hiciera amigos. No vino nadie. Recuerdo la cara de decepción de mi madre mientras pasaban las horas y los ganchitos se desteñían encima de la mesa del comedor.

Pausa.

ÉL: Oye, que no pasa nada. Estoy bien. Es una historia con final feliz. Terminé haciendo amigos. No me escogían el último para jugar al fútbol ni nada.

ELLA: Perdona.

ÉL: "19. Joder... Si te dijeran que te morirás en un año ¿cambiarías alguna cosa de tu manera de vivir?". ¿Por qué?

ELLA: Pues... No sé... Supongo que me dejaría ir un poco más "20. ¿Qué significa para ti la amistad?"

ÉL: Nada. No significa nada desde que nadie se presentó a mi fiesta de cumpleaños. Es broma. Es muy importante, supongo. No es fácil encontrar a gente que te aguante las neuras. "21. ¿Qué roles juegan el amor y el afecto en tu vida?"

ELLA: Un papel pequeño, la verdad. "22. Enumerad 5 aspectos que os parezcan positivos del otro. Alternad las respuestas." Empiezo yo, ¿vale? Eres... positivo.

ÉL: Tienes buen aspecto.

ELLA: Sabes escuchar.

ÉL: Eres una friki.

ELLA: Tu más.

ÉL: Pues ya tenemos cinco.

ELLA: Como la anterior la hemos respondido los dos me vuelve a tocar a mí, ¿no? "23. ¿Tu familia es cariñosa? ¿Consideras que tu infancia fue más feliz que la de los otros niños/as?"

ÉL: Mi familia es cariñosa, pero como no sé cómo fue la infancia del resto de niños del mundo, no acabo de saber cómo responder. "24. ¿Cómo es la relación con tu madre?"

ELLA: Uf. ¿Cuánto se supone que debe durar este test?

ÉL: No tengo prisa.

9. DÍAS DEL 5 AL 58 O LOS DOS MESES IRRACIONALES

ÉL: Los primeros dos meses aproximadamente, los correspondientes a la fase de atracción, la segregación de dopamina, norepinefrina y feniletilamina, junto con los altos niveles de emisiones hormonales de estrógenos por un lado y andróginos por el otro, hacen que esta fase se caracterice por un alto nivel de contacto sexual.

ELLA: Intentamos mantenernos dentro del máximo rigor científico. Nos medimos el pulso. ¿Pulso?

ÉL: 130 por minuto. ¿Tú?

ELLA: 120 y subiendo. Nos observamos las pupilas. ¿Pupilas?

Ella le mira las pupilas.

ELLA: Dilatadas.

ÉL: Tu también. Controlamos la sudoración. ¿Sudoración?

ELLA: Ligera. Y la respiración. ¿Respiración?

ÉL: Descontrolada.

ELLA: Sensación de rigidez en la base de la columna vertebral.

ÉL: Sensación de rigidez en la/

Pausa breve.

ELLA: ¿Temperatura?

ÉL: En aumento.

ELLA: Ídem.

ÉL: No puedo.

ELLA: ¿No puedes?

ÉL: No puedo... Pensar.

ELLA: Vale, vale, vale, de acuerdo. Espera. Un segundo. Calma. Lejos, por favor. Aléjate.

Pausa breve.

ELLA: Intentamos mantener bajo control todo este volcán de estrógenos, andróginos, testosterona y feromonas. Buscamos sitios neutrales para continuar el proceso de conocer al otro. Un café, ¿de acuerdo?

ÉL: Sí.

ELLA: En un sitio público.

ÉL: Me parece bien.

ELLA: Rodeados de más seres humanos.

ÉL: Perfecto.

ELLA: Sin follar.

ÉL: Sin follar.

ELLA: Solo hablar.

ÉL: Hablar. La única actividad que haremos con la boca será hablar. Solo hablar.

ELLA: Exacto.

ÉL: Hecho.

Se sientan a tomar un café. Él se sienta a su lado.

ELLA: Mejor ponte un poco más lejos...

Él cambia de sitio y se sienta enfrente. Pausa.

ÉL: Mejor.

ELLA: Mucho mejor.

ÉL: ¿Has podido escribir algo más? Esas treinta páginas/

ELLA: Lo sé. Eran basura. Lo he intentado.

ÉL: ¿Y?

ELLA: No estoy demasiado segura de si la escena funcionará.

ÉL: ¿Por?

ELLA: Es demasiado explícita.

ÉL: ¿A qué te refieres?

ELLA: Los personajes no son capaces de quitarse las manos de encima.

ÉL: Intento estar concentrado. De verdad que lo intento. Quiero poder escucharla.

ELLA: Tengo cuatro páginas de miradas, de sudor, de meterse mano, de saliva.

ÉL: Soy incapaz de asimilar estructuras gramaticales, por simples que sean.

ELLA: No son capaces de construir una réplica subordinada.

ÉL: Es culpa de la serotonina.

ELLA: Han perdido la razón y están completamente perdidos en la pasión.

ÉL: La inhibición de serotonina provoca que la zona del córtex frontal del cerebro se desactive.

ELLA: No sé si funcionará.

ÉL: Los bajos niveles de serotonina implican una pérdida de la razón y la lógica.

ELLA: Pienso en los actores, ¿sabes? Cuando escribo, quiero decir.

ÉL: ¿Por qué narices se muerde el labio de esta manera?

ELLA: Me refiero a que, al fin y al cabo, habrá en escena dos seres humanos, dos actores, tocándose, lamiéndose, mordiéndose. No a los personajes, sino ellos.

ÉL: No sé qué dice porque solo puedo pensar en la manera en que se muerde el labio.

ELLA: Demasiado explícito. Sexo, sexo, sexo.

ÉL: Sexo, sexo, sexo.

ELLA: Acabado en un polvo en los baños de una cafetería.

Pausa.

ELLA: Bueno, espero que el director tenga buen gusto por lo menos a la hora de dirigir la escena. ¿Qué tal tu día?

ÉL: Necesito follarte urgentemente en los baños.

ELLA: Joder, pensaba que no lo dirías nunca.

Se abalanzan el uno encima del otro.

ELLA: Todo sea por la ciencia.

10. DÍA 1.005 O INTERFERENCIA

ÉL: Por la ciencia, por la obra, por los personajes, por lo que sea. Tienes excusa para todo. Todo vale.

ELLA: ¿Por qué no quieres escucharme?

ÉL: Estoy harto de escucharte. No hago nada más que escucharte.

ELLA: Espera un momento.

ÉL: No. Solo son excusas.

ELLA: ¿Excusas para qué?

ÉL: Para todo. Esto: la obra, los tests, las reacciones físicas y químicas, medirlo todo. Esta puta lupa de aumento a la que nos estás sometiendo.

ELLA: Eres injusto. Sabías desde el principio cómo iba a funcionar. Conocías las reglas del juego.

ÉL: Sí. Tienes razón. Pero, ¿sabes cuál es el problema? Que lo mides todo, lo analizas todo, en tu cabeza lo tienes todo muy claro, pero después a la hora de la verdad eres incapaz de escuchar.

ELLA: ¿Que no escucho?

ÉL: Sí, exacto, no escuchas. No te escuchas. A ti misma.

ELLA: Fantástico.

ÉL: La obra es una excusa. Todo esto es una puta excusa. Una excusa para medirte a ti misma. Para saber si eres normal, si lo que te pasa es normal..

ELLA: Evidentemente que no es normal.

ÉL: Tu problema no es que no seas capaz de enamorarte. ¿Me oyes? No es un problema físico, no se debe a los niveles bajos o altos o normales de vete tú a saber qué. El problema, el único problema es que no te escuchas, que no te sueltas. Estás cagada de miedo.

ELLA: ¿Que no me suelto? Llevo más de mil días siendo/

ÉL: Venga va...

ELLA: Llevo más de mil días siendo completa y totalmente honesta contigo en cada jodido aspecto de mi puta vida y el "problema" es ¿que yo no me suelto?

ÉL: Es que no es conmigo con quien debes ser honesta, es contigo misma. Reconocer que tienes miedo.

ELLA: No. Tú tienes miedo de que esto se acabe. Que se acabe y nunca más volvamos a vernos..

ÉL: Lo sabía. Lo sabía desde el principio. Conozco las reglas del juego y las acepté. Puede que desaparezcas de mi vida y no nos volvamos a ver más. Lo sé. Está escrito en el contrato, ¿no? Lo que no me da la gana es que no te atrevas a dejar una puerta abierta a lo que pueda pasar por miedo.

ELLA: ¿Miedo a qué?

ÉL: No lo sé.

ELLA: Vaya, ahora que parecía que lo sabías todo. Ahora que parecía que esta obra la estabas escribiendo tú.

ÉL: Esto no es ninguna puta obra de teatro, ¿me entiendes? Esto es la realidad. Y la realidad, la única realidad posible es que yo te quiero.

ELLA: No, esto es teatro, solo es teatro y la única verdad, es que yo no puedo quererte.

Pausa.

ÉL: Luces de sala.

ELLA: ¿Qué haces?

ÉL: Luces de sala, por favor.

Se encienden las luces de sala.

ELLA: ¿Qué coño haces?
ÉL: Necesito parar un segundo.
ELLA: No, esto no lo puedes hacer.
ÉL: ¿Por qué no?
ELLA: No puedes. Punto.
ÉL: ¿Por qué no? Solo es teatro.

Pausa.

ÉL: ¿Sabes qué? Vete a la mierda.

Él sale. Pausa larga.

11. LA CRISIS DEL DRAMA ABSOLUTO O INICIO DEL SEGUNDO ACTO

ELLA: El año 1956, Peter Szondi publica *Teoría del Drama Moderno*. La fórmula rígida que ha reinado desde el Renacimiento a la hora de escribir teatro cae en picado. Las relaciones del individuo con la sociedad, con su entorno, con él mismo cambian y los dramaturgos, reclaman nuevas fórmulas para acercar esta nueva realidad a sus propias obras. Autores com Ibsen, Strindberg, Chéjov o Maeterlinck luchan contra las cadenas del drama absoluto probando nuevas fórmulas: evocan el pasado, renuncian al presente, monologan, proyectan en en otro e incluso acaban con la acción. El drama ha entrado en crisis. Ha nacido el drama moderno. ¡Que viva el drama moderno! He leído a Szondi, he querido obviar la relación dialéctica, el tiempo presente, la unidad de espacio, la causalidad, pero he fracasado. Lo que tengo ahora mismo, lo único que tengo, es una ventana del navegador abierta con seis pestañas sobre amor y neurociencia, con datos, estadísticas, análisis y patrones de conducta. Y Spotify. Spotify a todo volumen intentando encontrar la banda sonora que me salve. Y el documento de texto con la obra, claro. Treinta y nueve páginas sin revisar, con personajes que no dejan de parlotear porque en realidad no saben de qué hablar. Quizá es el momento de acabar con el drama, cambiar la banda sonora y volver a empezar.

Él vuelve.

12. DÍA 457

Él vuelve y canta acompañado de un ukelele que hace sonar con muy poca gracia.

ÉL: If you wanna be my lover / You have got to give/ Taking is too easy / But that's the way it is.
ELLA: ¿Qué haces?
ÉL: I wanna (huh) / I wanna (huh)

Ella ríe.

ÉL: I wanna/
ELLA: ¿Qué haces?
ÉL: Canto. Y toco el ukelele.
ELLA: No sabía que tocaras el ukelele.
ÉL: Yo tampoco.

Pausa.

ELLA: ¿Estás bien?
ÉL: Sí.
ELLA: ¿Seguro?
ÉL: ¿Aparezco tocando el ukelele y solo por eso ya deduces que he perdido la cabeza? ¿Te gusta?
ELLA: ¿El qué?
ÉL: Esto. Lo que está pasando.
ELLA: Sí.
ÉL: ¿Y entonces?
ELLA: Lo siento. Siento todo lo que ha pasado. Un drama. El

drama ha entrado en crisis. La obra ha entrado en crisis.

ÉL: Pues hagamos un musical.

ELLA: No.

ÉL: Canta.

ELLA: Ni hablar.

ÉL: Exacto. No hables. A partir de ahora canta. Cántalo todo. Cántame la lista de la compra.

ELLA: No.

ÉL: Sé tocar cuatro acordes. Fa, do, sol y la menor. Puedo tocar más de 50 canciones con estos cuatro acordes.

ELLA: Déjalo.

ÉL: Hagamos un musical.

ELLA: Me niego. *(A público)* Me niego. *(A él)* ¿A qué se debe este ataque de felicidad repentino?

ÉL: ¿De verdad necesitas justificarlo todo?

ELLA: No.

ÉL: Da igual. Te lo diré igualmente.

Pausa.

ÉL: Ya sé que Spice Girl eras.

ELLA: ¿Qué?

ÉL: Esa noche. En el karaoke. Sé que Spice eras.

ELLA: Nunca te lo he contado.

ÉL: No hace falta. Lo he adivinado. Ahora por fin te conozco.

ELLA: De acuerdo, dime cuál era.

ÉL: ¿Cantarás conmigo?

ELLA: No way.

ÉL: Pues no te lo digo…

ELLA: No entiendo cómo te gusta tanto tocarme la moral.

ÉL: Solo es un juego, ¿no?

ELLA: De acuerdo.

ÉL: ¿Qué?

ELLA: Cantaré.

ÉL: Eres Mel C.

ELLA: ¿Cómo lo sabes?

ÉL: A los niños nos gustaban las otras cuatro porque, básicamente, iban vestidas de putones verbeneros y todas las niñas querían ser como ellas para gustar a los chicos. Tú no, tú querías ser Mel C. Porque, en el fondo, sabías que era la única que tenía alguna posibilidad de sobrevivir a todo ese circo prefabricado, a esa mentira, a esa realidad inventada. De hacer algo más. Dime, ¿quién se acuerda ahora de las otras cuatro?

ELLA: Era Mel C.

ÉL: Haremos un musical.

ELLA: Detesto los musicales.

ÉL: Venga, canta conmigo. Cinco, seis, siete/

El tiempo se congela.

ELLA: Melanie Chisholm, Mel C, la spice deportista, ha publicado seis discos de notable éxito en solitario, desde que las Spice Girls se separaron en 1998. Participa en triatlones y colabora con organizaciones humanitarias que se dedican a potabilizar el agua en África desde hace más de diez años. El año 2010 estuvo nominada como mejor actriz en los premios Olivier de teatro británico por su papel de Mrs. Johnstone en Blood Brothers. Un musical. No ganó.

Él deja el ukelele.

13. DÍA 99

Ella con un cepillo de dientes en la mano.

ELLA: ¿Y esto?

ÉL: Es un cepillo de dientes...

ELLA: No.

ÉL: ¿No?

ELLA: Es algo más.

ÉL: Pues para mí solo es un cepillo de dientes. ¿Quieres que me lo lleve?

ELLA: Creo que estamos entrando en fase dos.

ÉL: ¿Tan pronto?

ELLA: Es una señal. Los niveles de dopamina y de norepinefrina están empezando a disminuir.

ÉL: ¿Esto significa que el follar como conejos se ha terminado? Mierda, me gustaba mucho esa parte.

ELLA: No. Está aumentando el nivel de oxitocina y por lo tanto se mantendrá la excitación sexual pero creando simultáneamente un sentimiento de lazo afectivo.

A público.

ÉL: La oxitocina es un péptico formado por nueve aminoácidos (nonapéptico), con la secuencia: cisteina, tirosina, isoleucina, glutamina, asparagina, cisteina, prolina, leucina y glicina. La oxitocina tiene una masa molecular de 1007 dalton. Una unidad internacional de oxitocina es equivalente a unos dos microgramos de péptico puro.

ELLA: En un parto, por ejemplo, la segregación de oxitocina de la madre aumenta progresivamente con la finalidad de disminuir el dolor de las contracciones y generar, llegado el momento, un sentimiento de amor y unión entre madre e hijo.

A él.

ELLA: Al mismo tiempo, aumentan los niveles de vasopresina, que también ayudan a generar sensación de afecto y de intimidad.

A público.

ÉL: La vasopresina también es un nonapéptido con un punto de azufre. Se secuencia está formada por: cisteina, tirosina, fenilalanina, glutamina, asparagina, cisteina, prolina, arginina y glicina. La secuencia de la vasopresina difiere únicamente de la de la oxitocina por 2 aminoácidos.

ELLA: Vincent du Vigneaud.

ÉL: *(A ella.)* ¿Quién es este tipo?

ELLA: Sensación de estabilidad.

ÉL: ¿Quién es?

ELLA: De compromiso.

ÉL: ¿Me oyes?

ELLA: Necesidad de monogamia. Celos.

ÉL: ¿Quién narices es este tío?

ELLA: El bioquímico que consiguió aislar la oxitocina y la vasopresina en 1953.

A él.

ELLA: Fase dos.
ÉL: Y todo ha empezado con un cepillo de dientes.
ELLA: Una señal.
ÉL: He pensado que sería mucho más cómodo si lo dejo aquí.
ELLA: Amor estable: compromiso en la pareja, estabilidad, fidelidad, compromiso social.
ÉL: ¿Sexo?
ELLA: Sexo.

Pausa breve.

ÉL: En el primer momento he creído que te habías cabreado conmigo por lo del cepillo.

Ella se mete el cepillo de dientes en la boca.

ÉL: ¿Qué haces?
ELLA: No lo sé. Un impulso. ¿Te da asco?
ÉL: No. Sí. Un poco.
ELLA: A mí también. No sé por qué lo he hecho.
ÉL: ¿A qué sabe?
ELLA: A nada.

14. LA GENERACIÓN EXPERIMENTAL DE INTIMIDAD INTERPERSONAL: TERCERA PARTE

ELLA: "25. Elaborad tres sentencias verdaderas partiendo del "nosotros". Por ejemplo: Nosotros estamos juntos en este espacio y nos sentimos..."

ÉL: Nosotros sueña muy extraño.

ELLA: Nosotros somos.

ÉL: Nosotros aún no somos. "26. Completa la frase: Me gustaría tener a alguien con quien compartir..."

ELLA: Las cosas buenas. A veces es más fácil encontrar candidatos para ayudarte a superar un mal momento que personas que estén a tu lado cuando te pasa algo bueno. No hay nada más deprimente que celebrar las buenas noticias tú solo. "27. Imagina que te haces muy amigo de tu partner, comparte con él o con ella algo que consideres importante que sepa."

ÉL: Si me traicionas, puede que te perdone pero jamás volveré a confiar en ti. Que lo sepas. "28, Di a tu partner qué te gusta de él; es necesario que seas muy honesto/a, diciéndole cosas que quizá no dirías a alguien a quien acabes de conocer."

ELLA: Me gusta lo en serio que te estás tomando todo esto.

ÉL: Me pone bastante esto del cuestionario.

ELLA: Vaya, gracias. Cambio la respuesta.

ÉL: Mierda. Lo siento.

ELLA: "29. Comparte con tu compañero un momento vergonzoso de tu vida."

ÉL: Una vez una chica me estaba piropeando y sin venir a cuento le solté que me estaba poniendo cachondo.

ELLA: No sirve.

ÉL: Es lo peor que me ha pasado nunca. "30. ¿Cuándo lloraste por última vez en frente de alguien? ¿Y tú solo/a?"

ELLA: Pues no me acuerdo, la verdad. "31. Di a tu partner algo de él que ya te guste."

ÉL: La voz.

ELLA: ¿Y ya está?

ÉL: No, no está. Podría decir más cosas, pero de momento prefiero guardármelas para mí. "32. ¿Hay algún tema demasiado serio para bromear?"

ELLA: Me lo tomo todo demasiado en serio como para considerar que hay cosas sobre las que no se puede hacer broma. "33. Si supieras que morirás esta misma noche sin poder hablar con nadie, ¿qué te arrepentirías de no haber dicho y a quién? ¿Por qué no se lo has dicho aún?"

ÉL: Joder, que difícil. Me arrepentiría de no haberle dicho a mi hermana que su hámster NO se metió solo en el microondas. Joder, no me mires como si fuera un psicópata.

ELLA: Por lo que sé de ti, podrías ser un psicópata.

ÉL: No lo soy. Vale, metí al hámster en el microondas. Quería ver qué pasaba, entender cómo funcionaba. Y sí, lo maté. "34. Tu casa y todas tus pertenencias se queman. Después de salvar a tu familia y animales, si es el caso, te dan la oportunidad de salvar un único objeto. ¿Qué salvarías? ¿Por qué?"

ELLA: El Mac. Toda mi vida en 1.300 euros de aluminio con una manzana. "35. ¿Cuál de las muertes en tu familia sería más perturbadora para...?

Pausa larga.

ELLA: Déjalo.
ÉL: No puedo.
ELLA: No pasa nada.
ÉL: Lo siento. Lo siento. Déjame un minuto.
ELLA: No pasa nada. Lo dejamos aquí. Ya está. Mírame. Ey, mírame.

Él la mira.

ELLA: Ya está. Treinta y seis.
ÉL: "36. Comparte un problema personal con el otro y pídele un consejo sobre como él/la lo afrontaría. Pídele que aporte su opinión sobre cómo cree que el problema te hace sentir."

Pausa.

15. DÍA 398 O EL PRIMER PROBLEMA DE ELLA

ELLA: ¿En qué piensas?

ÉL: En nada.

ELLA: No se puede no pensar en nada.

ÉL: En muchas cosas.

ELLA: ¿En qué?

ÉL: En esto. Nosotros. En esta historia extraña que nos hemos montado.

ELLA: Dímelo.

ÉL: ¿El qué?

ELLA: Lo que piensas, exactamente. Necesito apuntarlo.

ÉL: Pienso que te quiero.

Pausa. Ella huye. Necesita respirar. Él se acerca.

ÉL: No hace falta que digas nada.

ELLA: Necesito respirar.

Él hace ademán de irse.

ELLA: ¿Adónde vas?

ÉL: Necesito un vaso de agua.

ELLA: ¿Te has mosqueado?

ÉL: No.

ELLA: Sí, te has cabreado.

ÉL: ¿Por?

ELLA: Por esto. Porque no he dicho nada.

ÉL: Solo quiero un vaso de agua. ¿Tú quieres?

ELLA: No.

Pausa.

ÉL: Me siento un poco ridículo.

ELLA: ¿Cabreado?

ÉL: Ridículo.

ELLA: ¿Prefieres que finja que no lo he oído?.

ÉL: No, no lo prefiero. Lo he dicho. Y es cierto.

ELLA: ¿Quieres que te diga que yo también te quiero?

ÉL: Esto no va de lo que yo quiera o deje de querer.

ELLA: Yo quiero. Pero no puedo. No te lo puedo decir.

ÉL: Si no quieres, no me lo digas.

ELLA: Sí quiero, pero no puedo.

ÉL: Cree que no puede enamorarse. No de mí. En general. No sabe por qué.

ELLA: Mientras mis amigas explicaban cosas sobre sus amores adolescentes, yo no podía hacer otra cosa que escucharlas fascinada pensando cuándo me tocaría a mi vivir un amor igual a los que ellas explicaban.

ÉL: No ha tenido ningún trauma, ni relación tormentosa.

ELLA: Siempre he creído que el problema no era yo, sino que aún no había encontrado a la persona adecuada.

ÉL: Ha tenido relaciones, cortas, largas, esporádicas, ha presentado a novios en casa y los ha presentado en sociedad.

ELLA: Pero cuando estas relaciones se han terminado, por hache o por be, me he quedado exactamente igual. Ni frío ni calor. Los veía irse y era incapaz de hacer nada.

ÉL: Nunca ha dicho a ninguna pareja que la quiere.

ELLA: Porque creo que nunca he querido a ninguna de mis

parejas.

ÉL: Empezó a pensar que el problema era ella.

ELLA: Creo que yo soy el problema.

ÉL: Cree que esto acabará con nuestra relación.

ELLA: Entendería que acabara con todo esto. Está sorprendido. Está cabreado. No lo dice, pero sé que está cabreado. Es posible que me deje.

ÉL: Necesito procesarlo.

ELLA: Querría decirte que te quiero pero no puedo. No quiero mentirte. Te prometí que no te mentiría.

ÉL: No estás obligada a decir nada.

ELLA: No quiero mentirte.

ÉL: ¿No sientes absolutamente nada por mí?

ELLA: Siento muchas cosas, pero no sé si ninguna de ellas es amor.

ÉL: Y entonces, ¿qué cojones has estado prefabricando todo este tiempo?

ELLA: Estoy escribiendo.

ÉL: Ya, sobre el amor perfecto.

ELLA: No quiero que te vayas.

ÉL: Tal vez no exista el amor perfecto.

ELLA: Científicamente es posible.

ÉL: ¿Qué sientes por mí?

ELLA: No siento que el mundo se acabe si no estamos juntos. No sé si haría algo para retenerte. No es como en las películas.

ÉL: Venga, va... ¿El amor en las películas? ¿En serio?

ELLA: No lo sé.

ÉL: El amor no es eso.

ELLA: ¿Y qué es entonces?

ÉL: No lo sé.

ELLA: ¿Y cómo sabes que me quieres?

ÉL: Lo sé.

ELLA: El amor es dopamina, norepinefrina, feniletilamina, serotonina, oxitocina y vasopresina. Solo eso. Un cóctel químico-hormonal. Droga. Solo es droga.

ÉL: El amor es droga y tu ciencia es una puta mierda. Somos personas, no números.

ELLA: No quiero que te vayas.

ÉL: Pero no harás nada para retenerme.

ELLA: No.

ÉL: No puedes quererme.

ELLA: No lo sé.

Pausa.

ELLA: ¿Me dejarás?

ÉL: No.

ELLA: ¿Qué quieres?

ÉL: Un vaso de agua.

ELLA: ¿Por qué aceptaste hacer esto?

ÉL: Me gusta la idea del amor. La gente hace cosas estúpidas cuando se enamora. Yo lo hice aceptando hacer esto, antes de estar enamorado.

ELLA: Te arrepientes.

ÉL: No ¿Quieres agua?

ELLA: No.

16. DÍA 839

Ella se sirve un vaso de agua. Lo coge y mete dentro un test de embarazo. Lo saca.

ELLA: Ha pasado una cosa.
ÉL: Estoy cansado.
ELLA: Es importante.
ÉL: ¿Puedo sentarme?
ELLA: Estoy embarazada.
ÉL: Hostia puta.
ELLA: Ya...
ÉL: ¿Cómo ha podido pasar?
ELLA: Es bastante obvio.
ÉL: Pero, ¿cómo/? Tomamos precauciones.
ELLA: Los baños de la cafetería. Esa puta cafetería. No deberíamos ir más a esa cafetería. Joder, para nosotros equivale a ir a Sodoma...
ÉL: ¿Y ahora qué?
ELLA: No lo sé.
ÉL: ¿Cómo te sientes?
ELLA: ¿Y tú?
ÉL: Estoy asimilándolo.
ELLA: ¿Eso es malo?
ÉL: No. Creo que no. ¿Cómo estás?
ELLA: No lo sé.

Pausa.

ELLA: Faltan seis meses y/

ÉL: Lo sé. ¿Qué quieres que hagamos?

ELLA: Debemos decidirlo juntos. Los dos. Los mil cien días/

ÉL: Ya.

Pausa.

ÉL: Pero... Estamos bien, ¿no? Estamos de puta madre.

ELLA: Sí. Pero/

ÉL: Pero, ¿qué?

ELLA: Nada. ¿Cómo te sientes?

ÉL: Es raro.

Pausa.

ÉL: Quiero que lo tengamos. Quiero tenerlo.

Pausa.

ELLA: No es cierto.

ÉL: Sí. Lo quiero.

ELLA: No, no es cierto. Esto no es cierto.

Pausa.

ELLA: No estoy embarazada.

ÉL: ¿Qué estás/?

ELLA: Me lo he inventado.

ÉL: Pero, ¿de qué coño vas?

ELLA: Quería ver cómo reaccionabas.

ÉL: Pero, ¿por qué?

ELLA: Una noticia como esta puede modificar los planes de una pareja estable.

ÉL: ¡Pero esto no es normal!

ELLA: En seis meses esto se acabará y ¿a ti te parece buena idea meter a un crío de por medio?

ÉL: Ah, genial, ahora es culpa mía. Hostia puta..

ELLA: Ya te expliqué de qué iba todo esto.

ÉL: Me prometiste que no me mentirías.

ELLA: Y no lo he hecho.

ÉL: ¿Ah, no?

ELLA: No.

Pausa.

ELLA: No me había venido la regla, ¿de acuerdo? Y me he hecho la prueba de embarazo. Aquí la tienes. Ha dado negativo. Por un momento yo también he pensado que estaba embarazada. Por un momento también me lo he creído. Igual que tú. Quería saberlo. Necesitaba saberlo. Cómo te hacía sentir.

ÉL: ¿Y a ti?

Pausa.

ELLA: No estoy embarazada.

ÉL: ¿Cómo te ha hecho sentir saber que no lo estabas?

ELLA: Eso ahora no importa.

ÉL: A mí me importa.

ELLA: Ya no importa.

ÉL: Vale. No importa.

Pausa.

ELLA: ¿Cómo te sientes? Necesito saberlo.
ÉL: Perdido. Desubicado. Cansado.

Pausa.

ELLA: ¿Quieres que te la chupe?
ÉL: Pero, ¿qué dices?
ELLA: Estás muy tenso.
ÉL: Pero, ¿tú qué eres? ¿Una puta psicópata?

Pausa.

ÉL: Estamos de puta madre. De puta madre. ¿Por qué haces esto? ¿Por qué? ¿Por qué te esfuerzas en estropearlo? ¿Qué coño se supone que debemos hacer ahora?

17. LA GENERACIÓN EXPERIMENTAL DE INTIMIDAD INTERPERSONAL: CUARTA PARTE

ELLA: Debemos mirarnos durante cuatro minutos en silencio.

Se miran durante cuatro minutos en silencio.

Pausa.

18. DÍA 5 O DÍA DE HOY O UN PUNTO INDETERMINADO EN EL PROCESO DE ENSAYOS

ELLA: Hostia.

ÉL: ¿Qué?

ELLA: Se me ha metido una cosa en el ojo.

ÉL: Déjame ver.

ELLA: Será una mota de polvo, ¿no?

ÉL: A ver.

ELLA: Joder, qué daño.

ÉL: No se ve nada.

ELLA: Me duele. Joder, es como si tuviera una piedra en el ojo.

ÉL: No te lo toques.

ELLA: Hostia. Mierda.

ÉL: Prueba a parpadear rápido. ¿Mejor?

ELLA: Sí.

ÉL: A ver. No tienes nada. Ya está.

Él le da un beso en la cara, cerca del ojo.

ELLA: Menuda chorrada.

Él la mira.

ELLA: ¿Continuamos?

Él la coge de la cara suavemente y la besa. Ahora sí, querido público, ahora SÍ. Lo hemos logrado. EL BESO. Así en mayúsculas. Se miran.

ÉL: Texto.
ELLA: No me hagas esto ahora.
ÉL: No me acuerdo. Texto.
ELLA: Lo estás mandando todo a la mierda. Es importante.

19. DÍA 1.100 Y DESPUÉS DEL BESO

ELLA: Se ha terminado.

ÉL: ¿Cómo?

ELLA: Se ha terminado. Por favor.

ÉL: No es la réplica.

ELLA: Se ha terminado.

ÉL: ¿Qué?

ELLA: Esto.

ÉL: No.

ELLA: Basta.

ÉL: Me niego.

ELLA: No puedes decidirlo tú.

ÉL: Ni tú tampoco.

ELLA: La dramaturga. La dramaturga decide.

ÉL: Tienes miedo.

ELLA: El experimento ya no importa.

ÉL: Exacto, ya no hay experimento.

ELLA: Día mil cien.

ÉL: No.

ELLA: Sí.

ÉL: No te puedes inventar el final.

ELLA: No me lo invento. Este es mi papel.

ÉL: ¿Me tomas el pelo?

ELLA: Las cosas no son. ¿Sabes que nunca llegamos a tocar nada? La materia está formada por átomos que en su parte externa tienen electrones. Los electrones se repelen. Por tanto cuando estamos tocando a alguien o algo, en realidad lo que notamos es la presión de los electrones repeliéndose. Nada es real. Todo es mentira.

ÉL: Ahora sí que haces bien tu papel.

ELLA: Luz de sala.

ÉL: No. No esta vez no.

ELLA: Quizá podemos/

ÉL: Esa no era la réplica.

Él sale.

20. EL SEGUNDO PROBLEMA DE ELLA

ELLA: Sé cómo acaba la obra que la dramaturga escribe. Quería escribir una historia de amor. Y vivieron felices para siempre. Sé cómo acaba esta obra. Ella tiene miedo de enamorarse y él está enamorado del amor. Se separan. Llega el día mil cien y nunca más vuelven a verse. Sufren. Pero hay un acuerdo verbal, lo respetan y se dicen adiós para siempre. Final. Quizá es todo un poco más fácil cuando no vuelves a ver al otro jamás. Imaginad que se hubieran seguido viendo cada día, en el trabajo, por ejemplo. ¿Cómo lo soportarían? ¿Cómo puedes sobrevivir a verlo cada día, a besarlo, a enamorarte de él y a la vez estás demasiado asustada para reconocerlo? Seguramente este final sea una mierda, pero a veces la ficción es una mierda porque emula la realidad. Es tan, tan delgada la línea entre realidad y ficción. Supongo que al final me ha quedado algo bastante posdramático. Ni acción, ni arco, ni personajes. Hay una línea muy fina entre un personaje que no se atreve a querer y una actriz que no quiere querer.

21. LIMBO

Él vuelve.

ÉL: Has cambiado el final.

ELLA: Es posdramático.

ÉL: Y una mierda. ¿Por qué lo has cambiado?

ELLA: Yo no lo he cambiado. La dramaturga lo ha hecho.

ÉL: Tú eres la dramaturga.

ELLA: Yo interpreto a la dramaturga.

ÉL: ¿Cómo acaba la obra?

ELLA: No lo sé. Tal vez acaban juntos. Tal vez no.

ÉL: ¿Y nosotros?

ELLA: Se ha acabado.

ÉL: No ha habido ningún oscuro, así que aquí seguimos.

ELLA: ¿Qué quieres que haga? Intepretaré el papel que quieras.

ÉL: No quiero que hagas ningún papel.

ELLA: ¿Y ellos? *(Por el público)*

ÉL: Que les den por el culo. Que pidan que les devuelvan el dinero.

ELLA: A la dramaturga no le gustaría mucho que eso pasara.

ÉL: Me la suda. No sigas con el personaje.

ELLA: Ojalá volvamos a coincidir sobre un escenario. Quizá los personajes vivirán felices para siempre...

ÉL: _____*(nombre de la actriz)*, te quiero. No quiero ser ningún personaje.

Ella querría poder hablar pero no lo consigue. Querría

97

responder. Lo desea con todas sus fuerzas, pero no lo logra.
No sabe cómo. Es tan difícil improvisar.

ELLA: ¿Cuándo te enamoraste de mí?

ÉL: Creo que fue el día que ensayamos la escena de los cuatro minutos mirándonos. Tardé cuatro minutos en enamorarme de ti.

ELLA: ¿Vendrás mañana?

ÉL: No lo sé.

ELLA: Quiero que vengas.

ÉL: Y yo quiero que reconozcas que no estabas fingiendo cuando antes me has besado. Me quieres.

ELLA: ¿Y si se termina?

ÉL: ¿Y si tienes la oprtunidad de vivir un amor perfecto?

ELLA: El amor perfecto no existe, igual que esta obra no tiene un final.

ÉL: Sí tiene final.

Él sale.
Oscuro brevísimo.

22. LA FUNCIÓN DE MAÑANA

Ella en medio del espacio escénico.

ELLA: Esta no es la clásica historia de amor de chico conoce a chica. Esta es, simplemente, la historia de amor perfecta. No es una obra de teatro. El amor ya no interesa al teatro, es un tema obsoleto. Tampoco es una historia, de hecho. Es ciencia. El amor, como cualquier otro aspecto de la vida humana, es medible y calculable. El amor, al fin y al cabo, es ciencia. Por lo tanto, podemos construir matemáticamente el amor perfecto. Esto, esto es lo que haremos aquí, hoy. Lo que estamos haciendo. Lo que hemos hecho.

Pausa.

Oscuro, por favor.

Oscuro final.

MEDIA NARANJA

Media Naranja

Sinopsis:

Adán y Eva, la típica pareja perfecta que todos conocemos, han organizado una cena de amigos para inaugurar el piso que se acaban de comprar. Mientras esperan, David, el soltero del grupo, les anuncia que quiere presentarles a su nueva novia. Según Adán, es imposible que David tenga pareja porque no hay persona en el mundo con quien pueda entenderse. La sorpresa será cuando David les cuente que ella ya está allí, en el nuevo piso. Y es que la pareja de David no es precisamente... Humana. ¿Qué podemos hacer cuando nos han metido en la cabeza que necesitamos encontrar nuestra media naranja para ser felices?

Desarrollada en el programa en residencia #ElCicló del Teatre Tantarantana
Estrenada en Teatre Tantarantana de Barcelona el 2 de marzo de 2023
Intérpretes: Marçal Bayona, Adrià Díaz y Júlia Santacana
Dirección: Sílvia Navarro Perramon
Escenografia, vestuario y iluminación: Tània Gumbau
Compañía: La Canina
Una producción de La Canina, Teatre Tantarantana y iproduccions.

*El amor no es esencialmente una relación
con una persona concreta;
es una actitud, una orientación del carácter que determina
el tipo de relación de una persona con el mundo como
totalidad.*
– *Erich Fromm*

*¿Qué descubrimiento ha sido más importante para ti,
Netflix o los aguacates?*
– *Frases Infalibles para romper el hielo en Tinder.*

DRAMATIS PERSONAE

DAVID
ADÁN
EVA
MEG

1. PRELUDIO

Luces de karaoke. David imagina que está dentro de la película **Titanic.** *En realidad, esto sucede solo dentro de su cabeza.*

DAVID:
> Every night in my dreams
> I see you, I feel you
> That is how I know you go on
> Far across the distance
> And spaces between us
> You have come to show you go on
> Near, far, wherever you are
> I believe that the heart does go on
> Once more, you opened–

Por corte a:

2. LAS COSAS

Piso de Eva y Adán. Se acaban de mudar y todavía hay muchas cajas por deshacer. De hecho, vemos más cajas que muebles. Seguramente es un piso moderno y minimalista de las afueras de una gran ciudad. Las vistas, claro, son espectaculares, aunque nunca las veremos. Atardecer.

ADÁN: …la puerta.

DAVID: ¿Qué?

ADÁN: No te quedes en la puerta.

David da un paso hacia el interior del piso.

EVA: No le gusta.

ADÁN: ¿No le gusta?

EVA: No dice nada.

ADÁN: Toma, bebe. *(A David, mientras le alcanza un vaso con bebida decorado con una naranja)* ¿Te gusta o no?

DAVID: Está guapo.

ADÁN: Y espérate a ver la terraza.

EVA: Todavía faltan cosas. Parece un piso de muestra, ¿no?

ADÁN: Hemos tenido que cambiar los muebles, claro. Todo nuevo.

EVA: Siéntate, ponte cómodo.

DAVID: Quizás llego demasiado pronto o—

EVA: Lo dices porque hemos tardado un poco en abrir, ¿no? Es que no hay forma de entender cómo funciona este portero automático nuevo.

ADÁN: Código, pantalla, clave, pin y clave de nuevo. Fácil.

DAVID: Fácil.

EVA: Una mirilla de toda la vida, fácil.

ADÁN: ¿Qué es una mirilla?

EVA: Una mirilla.

DAVID: Una mirilla.

ADÁN: Ah, una mirilla. Uy, una mirilla, si fuera por vosotros todavía nos enviaríamos cartas con palomas mensajeras. *(Sobre la bebida)* Está rico, ¿eh?

DAVID: ¿Qué es?

ADÁN: Negroni. Es italiano.

EVA: ¿No te parece un poco amargo?

DAVID: Sí, un poco.

ADÁN: Está rico. Está de moda. ¿Quieres edamame para acompañar?

DAVID: ¿Cómo?

ADÁN: Edamame. Vainas de soja. Japonesas.

DAVID: Ah, no, gracias.

ADÁN: ¿Hummus de coles de Bruselas?

DAVID: ¿Qué haremos, un pica pica o la cumbre de las Naciones Unidas?

EVA: ¿Aceitunas?

DAVID: Aceitunas.

ADÁN: Aceitunas...

DAVID: ¿Y los demás?

ADÁN: Víctor y Lola no pueden venir. Resulta que mañana ella tiene un viaje de trabajo y necesita descansar.

EVA: *(A David)* ¿Tú sabías que había encontrado trabajo?

DAVID: ¿Yo? Ni idea.

ADÁN: Entonces, ¿te gusta el piso nuevo o no?

DAVID: Sí, muy bonito.

ADÁN: Es la leche.

DAVID: El otro ya me gustaba.

ADÁN: ¿Qué dices? Pero si era una caja de cerillas, oscura, húmeda...

EVA: No te pases.

ADÁN: No estaba pensado para una pareja. O una familia, llegado el momento.

EVA: ¿Hace diez días que nos hemos instalado en el piso nuevo y ya hablas de tener niños? ¿No crees que corres demasiado?

ADÁN: Ay, amor, no me digas que no quedarían monísimos dos o tres niños correteando por aquí. Y en la terraza podríamos poner una/

EVA: ¿Dos o tres? Cariño, uno y gracias, no me agobies. ¿Quieres más negroni?

DAVID: No, gracias. *(Eva le recoge el vaso y sale)* Os he traído una cosa. *(Alarga una bolsa)*

ADÁN: No hacía falta.

DAVID: Hoy es un día especial.

ADÁN: Gracias *(Sin mirar el contenido de la bolsa, la deja)*.

DAVID: ¿No lo abres?

ADÁN: ¿Qué?

DAVID: El regalo. ¿No lo abres?

ADÁN: Ah, sí, claro.

DAVID: ¡Espera!

Vuelve Eva.

EVA: ¿Qué es esto?

ADÁN: David, que nos ha traído un regalo.

EVA: ¿No lo abres?

ADÁN: Es que no paráis de interrumpirme. ¿Lo abro?

EVA: Ábrelo.

ADÁN: Lo abro.

DAVID: ¡Un segundo!

ADÁN: ¿Qué pasa?

DAVID: Es que antes os quiero decir una cosa.

ADÁN: ¿Lo abro o no?

DAVID: Lo abrimos cuando lleguen los demás.

EVA: No hacía falta que trajeras nada.

ADÁN: Bueno, y hablando de regalos... Eva, yo también tengo una cosita para ti.

EVA: ¿Para mí?

ADÁN: Toma. *(Le da una caja)*

EVA: Gracias. No sé qué decir, yo no te he preparado nada. Ay, ahora estoy nerviosa. ¿Qué será? *(Abre el regalo. Es un vestido rojo)* Un vestido. Muy elegante. Muy bonito.

ADÁN: ¿Te gusta?

EVA: Mucho. Muy elegante. Muy bonito. Gracias.

Pausa. Eva se dispone a guardarlo.

ADÁN: ¿No te lo pones?

EVA: ¿Ahora?

ADÁN: Claro.

EVA: ¿No es demasiado?

ADÁN: ¿Tú crees?

EVA: Cenamos con los amigos, no estamos en la entrega de los Nobel.

DAVID: No es tu estilo, ¿no?

ADÁN: ¡Y tú que sabrás! Vamos, póntelo, que hoy es un día especial. ¿Verdad, David?

DAVID: Sí.

EVA: Me lo pongo. Me lo pongo, claro.

ADÁN: ¿Y si cenamos en la terraza? Alexa, enciende luces terraza.

EVA: Si cenamos en la terraza ya me lo pondré otro día.

ADÁN: ¿Por?

EVA: Amor, estamos a mediados de noviembre.

ADÁN: Pero si con el cambio climático celebramos Halloween en manga corta.

EVA: Cariño, que no. Cenamos dentro como estaba previsto.

ADÁN: Alexa, apaga las luces terraza.

EVA: Haz sitio.

ADÁN: Irene se caerá de culo cuando te vea con el vestido.

EVA: Que sí, que yo me pongo el vestido y tú buscas las copas.

DAVID: ¿Os ayudo?

EVA: ¿El redondo de ternera está controlado?

ADÁN: Alexa, programa la alarma del horno a las 22:00.

EVA: Cariño, deja de dar órdenes a Alexa y mueve el culo.

Eva sale.

DAVID: Leí que un traslado es una de las situaciones más estresantes que pueden afrontar los adultos. Ocho de cada diez lo sitúan en una escala de estrés justo por debajo de la muerte de alguien próximo, un despido laboral y una separación.

ADÁN: Hostia, a ver quién encuentra las copas aquí... Esto son cosas de cocina, no van aquí. ¿Te las puedes llevar?

DAVID: ¿A la cocina?

ADÁN: No, a Narnia. Menos mal que nos deshicimos de la mitad de los trastos que teníamos en el piso viejo. Si no, estaríamos hasta Año Nuevo deshaciendo cajas. Nada, tú, ni rastro de las copas...

DAVID: ¿Qué habéis tirado?

ADÁN: Mierdas de Eva. Nada importante. ¿La puedes llevar a la cocina o no?

DAVID: ¿Qué? Sí. *(Pero no se mueve)*

EVA: *(Entrando)* ¿Las has encontrado?

ADÁN: Amor, ¿y el vestido?

EVA: Es que me da cosa ponérmelo para cenar en casa.

ADÁN: Pero amor...

EVA: ¿Las has encontrado o no?

ADÁN: No.

EVA: Cuantas más cajas deshacemos, más tengo la sensación que las que están por abrir se multiplican.

ADÁN: No será por mi culpa, eh. Yo tengo cuatro cosas mal contadas.

EVA: Cuatro cosas, dice... ¡Cuatro millones! Tienes más inventos que McGyver, Tony Stark y el Inspector Gadget juntos.

ADÁN: Déjate de santísimas trinidades y ayúdame a buscar. David, la caja, a la cocina.

DAVID: Ay, sí.

ADÁN: Tranquilo, que no es nada que tenga un valor sentimental incalculable. No es el juego de café con serigrafía floral de la abuelita de Eva, no te preocupes.

David sale.

EVA: Deja mis tazas en paz.

ADÁN: Cariño, si las muy putas han sobrevivido a una posguerra y tres mudanzas, tampoco les vendrá de aquí.

Vuelve David.

DAVID: No sé donde está la cocina.

ADÁN: Segunda puerta a la derecha.

David sale.

EVA: Ya me contarás qué narices te han hecho las pobres tazas rústicas.

ADÁN: ¿A mí? Nada. Aparte de ser feas como pegarle a un padre y de no encajar bien en la Nespresso, obligándome a malgastar un cinco por ciento de cada cápsula.

EVA: Esas cápsulas contaminan una barbaridad. Ya sabes que yo preferiría una cafetera italiana de toda la vida.

ADÁN: Sí, mujer, sí, y filtramos el café con el calcetín, como hacían las bisabuelas.

EVA: Que una cosa sea vieja no quiere decir que no sirva.

ADÁN: Suenas a eslogan de hogar del jubilado. Además, las tazas no ligan con la casa nueva.

EVA: ¿Y yo ligo con la casa nueva?

ADÁN: Tú ligas con todo. Además, ya sabes que yo, sin mi zumo de naranja y mi café por la mañana, no soy nadie.

EVA: ¿No lo has notado extraño?

ADÁN: ¿El café? A ver, prefiero las Cape Town Lungo a las

Master Indonesia—

EVA: A David.

ADÁN: Yo lo veo como siempre.

Vuelve David.

ADÁN: Guapa, ¿eh?

DAVID: ¿Quién?

ADÁN: La cocina.

DAVID: Mucho. Grande.

Suena el móvil de Eva. Responde. En paralelo:

ADÁN: ¿Tú no crees que las tazas rústicas tendrían que ir directas a la basura? Mira que yo confiaba que los viajes dentro de la furgoneta de Mudanzas La Tortuga serían definitivos, pero no. Por una vez que un servicio de mudanzas promete ser cuidadoso y lo es…

EVA: ¡Irene! ¿Ya estáis por aquí? Ostras, no jodas… Pero ¿está bien? ¿Y seguro que no queréis pasar un ratito? Claro, reposo absoluto, sí, de acuerdo. Mañana te llamo. Hasta luego.

Eva cuelga.

EVA: Amor, deja de hablar de las tazas.

DAVID: Sí, va, no discutamos.

ADÁN: Pero si no discutimos. Eva y yo no discutimos nunca.

EVA: Irene y Lucas, que no podrán venir. Lucas se ha hecho una distensión jugando a squash.

120

DAVID: Ay, pobre. Eso duele…

ADÁN: ¿Lucas juega a squash?

DAVID: Sí, lo dijo en la barbacoa.

EVA: ¿Qué barbacoa?

DAVID: La de principios de agosto.

EVA: No recuerdo ninguna barbacoa.

DAVID: ¿Puedo ir al baño?

EVA: Sí, claro. Puedes usar el de invitados. Pasillo, segunda puerta a la derecha.

DAVID: ¿Eso no era la cocina?

EVA: Perdona, a la izquierda. No me lo aprenderé nunca.

David sale de nuevo.

EVA: ¿Tú recuerdas una barbacoa en agosto?

ADÁN: En agosto estábamos en Jordania. Qué mierda, ¿no?

EVA: Sí, pobre Lucas.

ADÁN: Digo Irene, que se perderá el vestidito…

EVA: ¿De verdad no lo notas extraño?

ADÁN: No.

EVA: Dice que nos quiere contar una cosa.

ADÁN: Amor, conozco a David desde hace cuánto, ¿veinte años? Y siempre hace lo mismo. Tiene que ser el centro de atención. Se inventará cualquier cosa para eclipsar la inauguración del piso. Típico comportamiento para llamar la atención de hijo de padres divorciados.

EVA: ¿Eres psicólogo?

ADÁN: En cierto modo.

EVA: Amor, que te encargas de la web de una revista—

ADÁN: De divulgación científica.

EVA: Sí, pero no eres Sigmund Freud.

ADÁN: Te digo yo que David tiene traumas.

EVA: Como todo el mundo.

ADÁN: Es incapaz de tener pareja.

EVA: Quizás si no te pasaras todas las cenas recordándole que es el único que viene solo.

ADÁN: Nos descompensa el orden de la mesa.

EVA: Pues lo ponemos en el medio, como en la Santa Cena.

ADÁN: O si queremos jugar a algo, los equipos siempre quedan descompensados…

EVA: ¿En serio?

ADÁN: No es culpa mía que en general el mundo esté hecho para estar en pareja. Y si David—

Entra David.

DAVID: ¿David qué?

ADÁN: David se ha caído por el retrete. Eso decíamos. Chico, que casi se nos hace de día esperándote.

DAVID: ¿Tanto he tardado?

ADÁN: Un poco. Pero, ey, que lo entiendo. A mí también me cuesta cagar en retretes fuera de casa. Este, hasta ayer por la noche, no lo estrené. Cuatro días, chaval.

DAVID: No estaba cagando.

ADÁN: Nos lo puedes decir, si estabas cagando.

DAVID: Que no estaba cagando.

EVA: Pero si hay algo más que te preocupe—

DAVID: ¿De verdad queréis hablar en profundidad sobre mis movimientos intestinales?

ADÁN: De esto o de cualquier otra cosa que nos quieras

contar.

DAVID: Solo era pis. Pero he visto que el retrete empezaba a hacer luces y—

EVA: Ah, ¿te ha gustado el meadero biónico?

ADÁN: Es un Brondell S-1200. Guapo, ¿eh?

DAVID: Parece una nave especial.

ADÁN: ¿Has probado el chorrito?

DAVID: No, bueno, sí. Me he confundido buscando el botón de la descarga y me ha salpicado la cara. Y el suelo. Por eso he tardado, estaba intentando secarlo todo. Creo que deberíais cambiar la toalla de manos.

ADÁN: Lástima que el Brondell no incorpora la función de secado. Por otro lado el Toto Washlet–

EVA: Ya te dije que acabarías prefiriendo el Toto. *(A David)* Es otra marca de inodoros inteligentes. El eslogan se escribe solo, ¿no crees?

ADÁN: Me costó decidirme. El Toto tiene función de secado pero no tiene luces.

EVA: Problemas del primer mundo.

ADÁN: David se habría podido secar la cara con el Toto.

DAVID: No me habría secado la cara con tu retrete, gracias.

ADÁN: ¿Por qué? Es superlimpio. ¿Tú sabes lo que ahorraremos en papel de higiénico?

EVA: Amor, ¿has oído hablar de los bidés?

ADÁN: Amor, ¿has oído hablar de la evolución? David, te lo juro, este váter enamora.

EVA: En fin, con las horas que te pasas en el baño más te vale amarlo así. Oye, ¿qué nos querías contar antes?

DAVID: Quería esperar a que estuviéramos todos, pero—

Suenan los móviles.

ADÁN: Mierda, Carmen y Natalia no vendrán porque tienen al gato vomitando. En el horno tenemos carne para once y somos tres.

EVA: Álex y Rita dicen que están aparcando. Seremos cinco.

ADÁN: Se perderán el gigot de veau...

EVA: Si nos sobra, mañana hacemos canelones.

ADÁN: ¿Cómo vamos a hacer canelones con un gigot de veau?

DAVID: Seremos seis.

ADÁN: ¿Cómo?

DAVID: Seremos seis a cenar. No vengo solo. Que no estoy solo. Que os quiero presentar... a alguien. ¡Tachán! ¡Sorpresa! Esto es lo que os quería contar. Perdonadme por no avisar antes.

EVA: No hay problema, si ya ves que tenemos gigot de veau para alimentar a toda la comunidad de vecinos.

ADÁN: Campeón, pero cómo nos habías escondido esto... Míralo, qué calladito se lo tenía.

EVA: ¿Y cuándo os conocisteis?

DAVID: Uy, hace tiempo, un año y medio... Pero después nos reencontramos en una fiesta y mira, ahí empezó todo. Pero es muy reciente, ¿eh?

ADÁN: ¿Y se puede saber por qué no habéis venido juntos?

DAVID: ¿Puedo ir a la cocina? Tengo sed.

EVA: ¿Te traigo otro negroni?

DAVID: Prefiero agua.

EVA: Te la traigo.

DAVID: Ya voy yo.

EVA: De verdad que—

DAVID: Ya voy yo. Segunda puerta a la derecha. Es guapa la cocina. Es guapo el piso.

David sale.

ADÁN: Lo que yo te decía. Un mentiroso.

EVA: ¿No le gusta el piso?

ADÁN: Eva, ¿cómo no le va a gustar el piso? ¿Tú has visto las vistas desde la terraza? ¿Y la zona? ¿Quién no querría vivir en esta zona? ¿Y la luz que tiene? El piso está de puta madre.

EVA: Un poco lejos del centro.

ADÁN: El centro es para turistas y hipsters que llevan un iPhone de última generación en el bolsillo y para delincuentes que viven de revender los iPhones que mangan a los hipsters y a los turistas. El centro es una puta mierda y en cambio esta zona es cojonuda. ¿No te gusta?

EVA: Sí.

ADÁN: ¿No te gusta el piso?

EVA: Sí, claro que me gusta. Hipoteca a treinta años, como para no gustarme.

ADÁN: ¿Y por qué críticas el piso?

EVA: Yo no critico el piso.

ADÁN: ¿Tú te has creído el cuento?

EVA: ¿Qué cuento?

ADÁN: Eso de la novia.

EVA: ¿Tú no?

ADÁN: No. Esto se lo ha sacado de la manga. Os quiero presentar a alguien. Sí, ya, justo hoy, justo ahora. Para que la inauguración del piso quede en segundo lugar. ¿Tanta rabia le damos?

EVA: ¿Tú crees de verdad que alguien se inventaría una cosa así solo para fastidiarnos el día?

ADÁN: ¿David, novia? Vamos, antes me creo que acabará con el hambre en el mundo.

EVA: Quizás hablaba de un amigo, o una amiga, o quizás se ha comprado una mascota.

ADÁN: Tú también piensas que es imposible que David tenga novia.

EVA: Estás asumiendo que David se refería a una mujer.

ADÁN: Ah, ¿ahora David es gay?

EVA: Y yo qué sé si es gay o no. Quizás por eso estaba tan nervioso. Quizás nos quiere contar que su pareja es un chico.

ADÁN: ¿Tú crees que David ha escogido el día de la cena de inauguración del piso para salir del armario?

EVA: ¿Por qué no?

ADÁN: Pues ha escogido muy mal día porque los de los muebles no dan señales de vida, así que no hay armario del que pueda salir.

EVA: Me parece que estás bromeando sobre un tema que para él puede ser importante. Quizás cree que no le aceptaremos o que le haremos bromas o/

ADÁN: ¿En qué siglo vives, Eva? ¿Qué problema podríamos tener con el hecho de que David fuera gay? Si incluso su abuelita Carmen lo acompañaría al desfile del Orgullo si fuera el caso. Ya tenemos gays en el grupo. ¿Carmen y Natalia no cuentan o qué?

EVA: Lo dices como si tuviéramos amigos gays para llenar

un cupo social.

ADÁN: Que estamos en el siglo XXI, mujer. Y, de todas formas, David no es gay. Lo conocemos desde siempre.

EVA: Las cosas cambian.

ADÁN: Por favor, lo he pillado mirándote las tetas millones de veces.

EVA: ¡Adán!

ADÁN: ¿Es mentira?

EVA: No.

ADÁN: ¿Lo ves? David no es gay y punto. Pero es un tío que no está hecho para tener pareja. Y mira que él quiere, que se sabe de memoria todas las pelis románticas.

EVA: La vida no es una peli romántica de Meg Ryan.

ADÁN: ¡Exacto! Pero por más que él quiera tener pareja, tú, en todos los años que hace que lo conoces, ¿lo has visto tener una relación de más de, no sé, tres semanas?

EVA: Quizás David no ha encontrado hasta ahora a la persona adecuada, pero si dice que ahora nos quiere presentar alguien/

ADÁN: ¿Hoy, precisamente? ¡Miente!

EVA: Te estás comportando como un cretino.

ADÁN: Qué te juegas que de aquí a dos minutos nos dice que su supuesta "novia" no puede venir porque ha pillado el dengue?

EVA: Pues yo creo que sí que nos quiere presentar alguien.

ADÁN: Eva, si David hoy nos presenta a una mujer/

EVA: U hombre—

ADÁN: O gato, perro o lámpara de pie, estoy dispuesto a hacer lo que quieras.

EVA: Te apuntas conmigo a bailes latinos.

ADÁN: Lo que quieras que no suponga una humillación pública.

EVA: ¿Pero por qué no quieres ir a bailes latinos conmigo?

ADÁN: Amor, a mí me parece muy bien que tú tengas sueños húmedos con Patrick Swayze, pero yo no estoy hecho para bailar chachachá. Piensa otra cosa.

EVA: Si David tiene pareja, sea una ella, él o elle, me quedo el coche.

ADÁN: ¿Qué coche? ¿Mi coche?

EVA: Nuestro.

ADÁN: ¿Y para qué lo quieres?

EVA: Para ir a bailes latinos.

ADÁN: Pero si puedes llegar en metro perfectamente. Estamos supercerca del centro. Además, si te quedas el coche, ¿cómo iré a trabajar?

EVA: En metro, como lo hago yo todos los días. Estamos supercerca del centro, amor.

ADÁN: ¿Estás siendo sarcástica?

EVA: ¿Aceptas o no?

ADÁN: ¿Va en serio lo de quedarte con mi coche?

EVA: Nuestro. Me hiciste vender el Ibiza que todavía funcionaba perfectamente—

ADÁN: Para cambiarlo por un híbrido último modelo. ¿No tenías ansiedad climática?

EVA: Te has apropiado del coche y lo sabes.

ADÁN: Amor, todo lo mío es tuyo y lo tuyo es mío, pero el coche—

EVA: ¿Qué?

ADÁN: Mi coche es como mi novia.

EVA: ¿Y yo quién soy?

ADÁN: La otra.

EVA: ¿No estabas tan convencido de tener razón?

ADÁN: Espera, ¿y si gano yo?

EVA: ¿No es un poco feo hablar de "ganar y perder" cuando estamos apostando a expensas de la vida sentimental de nuestro colega?

ADÁN: ¿Tienes miedo?

EVA: Si tú tienes razón te dejo estrellar el juego de tazas floreadas de la abuelita con el dron.

ADÁN: Un coche de cuarenta mil euros contra un juego de tazas...

EVA: Las tazas, los platillos y la tetera.

ADÁN: Vete despidiendo de ellas, porque David—

Vuelve David.

DAVID: ¿David qué?

ADÁN: Pensábamos que te habías muerto. Como tardabas tanto.

DAVID: ¿Ahora controlas cuánto tardo en mear o beber? Empezaré a pensar que estás enamorado de mí.

EVA: Y hablando de estar enamorado... Lo queremos saber todo de tu novia. O novio o/

DAVID: Novia.

ADÁN: Ya te lo decía yo.

DAVID: Justo ahora estaba hablando con ella—

ADÁN: ¿Y nos tienes que contar algo? ¿Algún imprevisto de última hora? ¿Alguna enfermedad tropical inesperada?

DAVID: Adán, ¿te encuentras bien?

ADÁN: Yo sí, ¿y tu novia?

EVA: Hablando de cosas tropicales... ¿Sabes que estamos pensando en apuntarnos a bailes latinos? Salsa, merengue, bachata...

DAVID: Ah, muy bien.

ADÁN: No estamos pensando en apuntarnos a bailes latinos.

EVA: A mí me gustaría.

ADÁN: Y a mí me gustaría ir de expedición a Marte, pero parece ser que no tengo cuerpo para ser astronauta...

EVA: Son bailes en pareja, no puedo ir sola.

DAVID: Todo está pensado para hacer en pareja, ¿verdad?

ADÁN: Mira, te puedes apuntar con David.

DAVID: Es que no es solo esto de los bailes. Vas al cine y todos los menús son para dos. Si coges las palomitas pequeñas te quedas con hambre y si pides las medianas te coge una indigestión.

ADÁN: También podrías no acabártelas.

DAVID: O los yogures... en packs de seis. Que una cosa es comerlos entre dos, pero seis yogures... Se te acaban caducando.

ADÁN: Puedes comprar los packs de sabores variados.

DAVID: Siempre hay un sabor que... meh... ¿A quién le gusta el de macedonia?

ADÁN: Es que no se puede ser tan señoritingo.

DAVID: Nunca puedes aprovechar los 2x1... Ni del zoo, ni del parque de atracciones, ni del McDonald's...

ADÁN: ¿Pero tú quieres tener pareja o un Delorean para ir al pasado?

DAVID: Tú no recuerdas qué es estar solo.

ADÁN: ¡Pero si solo se está la mar de bien!

DAVID: Pues siempre te burlas de mí...

ADÁN: Si tanto te molesta ya no te lo diré más.

DAVID: No me lo dirás más porque ahora tengo novia.

EVA: También hay gente que no se separa porque les da pereza tener que empezar de nuevo. *(Pausa)* Me refiero a que tienen pareja y no están bien. Todo tiene sus pros y sus contras.

DAVID: Pero no puedes hacer bailes latinos solo.

EVA: Es cierto. Pero tampoco podemos creer en el cuento pasado de moda de la media naranja—

ADÁN: Ni media naranja ni nada. Tú, David, eres una naranja entera. Qué digo naranja, tú eres un pomelo... ¡tú eres una sandía!

DAVID: Yo tengo a Meg.

ADÁN: ¿Quién es Meg?

DAVID: Mi novia.

ADÁN: ¿Tu novia?

DAVID: ¿No me escuchas cuando hablo?

ADÁN: ¿Me estás diciendo en serio que tienes novia?

DAVID: ¡Que sí!

ADÁN: ¿Y existe en el mundo real?

DAVID: ¿Qué quieres decir si existe en el mundo real?

EVA: Claro que existe, qué quieres que sea, ¿ectoplasma? Adán, amor, deja de poner cara de bobo, ve a vigilar el horno y trae unas patatas para picar.

Adán sale.

DAVID: ¿Qué le pica a este ahora?

Adán vuelve. Trae el vestido rojo.

ADÁN: Toma.

EVA: ¿Qué haces con esto?

ADÁN: Hoy es un día especial. Hoy conoceremos a Meg. Póntelo.

Vuelve a salir.

DAVID: No te lo pongas. Por Meg no hace falta que lo hagas. No te gusta, ¿no?

EVA: No acierta nunca con los regalos, pobre. Cualquiera diría que hace nueve años que salimos.

Vuelve Adán con unas patatas fritas en un bol.

ADÁN: Ya tenemos el horno en marcha. El toque final del gigot de veau aux canneberges. ¿Y el vestido?

EVA: Ahora me lo pongo.

DAVID: Escuchad, os tengo que contar otra cosa. Os he engañado.

ADÁN: ¡Ja! Cariño, ve sacando las tazas.

DAVID: Meg no cenará.

ADÁN: Perdona, ¿decías?

DAVID: Que os he engañado, que Meg no cenará.

ADÁN: ¿Pero vendrá?

DAVID: Claro que vendrá.

ADÁN: Y Meg, ¿tiene apellidos?

EVA: Adán, parece un interrogatorio. Calla y come patatitas.

DAVID: Sí que tiene apellidos, claro que tiene.

ADÁN: [...]

DAVID: Ryan.

EVA: ¿Meg Ryan?

DAVID: Sí.

EVA: ¿Meg Ryan como Meg Ryan?

DAVID: ¿La actriz de *Tienes un e-mail*, con Tom Hanks dirigida y escrita por Nora Ephron?

EVA: Sí.

DAVID: Sí.

ADÁN: Meg Ryan como–

DAVID: Meg Ryan como la Meg Ryan de *Algo para recordar*, con Tom Hanks y escrita por Nora Ephron?

EVA: Sí.

DAVID: Sí.

ADÁN: ¿Esto de Nora Epson es un tipo de código secreto?

DAVID: Ephron.

Pausa.

ADÁN: Mira, yo creo que esto es como aquella vez que estuviste meses creyendo que tu vecino del tercero era Elvis Presley.

DAVID: Eran igualitos.

ADÁN: No te digo que no. ¿Pero qué hace Elvis viviendo en La Latina?

DAVID: Por edad y por el tupé, la confusión era plausible. Y no entiendo qué tiene que ver el Elvis del tercero con Meg Ryan.

EVA: Pues que estás diciendo que Meg Ryan—

DAVID: ...actriz de *Cuando Harry encontró a Sally*, con Billy Cristal y escrita por Nora Ephron—

ADÁN: Que es tu novia. Y, mira, todo tiene un límite.

DAVID: Mi novia se llama Meg Ryan, pero no es Meg Ryan.

EVA: ¿Tu novia no es una actriz de Hollywood?

DAVID: ¡No! ¿Creéis que me lo invento?

ADÁN: Yo no he dicho eso.

EVA: Un poco sí que lo hemos dicho.

DAVID: ¿Pensáis que estoy loco?

EVA: Todo el mundo tiene sus cositas.

DAVID: ¿Pero cómo queréis que crea que tengo una relación con Meg Ryan? Y cuidado, que es una actriz excelente y guapísima, pero tiene 60 y pico años, que no es por ser edadista, pero sería un poco raro.

ADÁN: Un poco raro, sí. Pero como tienes esta manía de mirar pelis románticas… Digo, igual se ha chalado y se cree que vive dentro de una.

DAVID: Pero bueno…

ADÁN: A ver, que un poco friki sí eres, que te sabes todas las de la tal Nora Epson.

EVA Y DAVID: Ephron.

DAVID: Perdona, pero friki tú y tu váter con luces. ¿Por qué necesitas cagar como si estuvieras haciendo la ruta del bakalao?

ADÁN: ¿Qué tiene de malo pensar en el medio ambiente?

DAVID: Tú no piensas en el medio ambiente.

ADÁN: Vale. Me gusta la tecnología. Me gustan las cosas que nos hacen la vida más fácil. Y perdonadme, pero si no fuera por gente como yo, la humanidad no habría evolucionado. Os imagináis que cuando inventaron la rueda alguien hubiera dicho: ¡Uy, qué frivolidad! O la imprenta. ¡Ay, no, señor Gutenberg, mire, es que nos gusta más hacer dos mil copias a mano! O la penicilina: ¡Oh, echaremos de menos morirnos de cualquier infección! Sois unos negacionistas.

EVA: Adán, creo que el negroni te ha sentado mal.

ADÁN: No hago daño a nadie, es mi dinero. Si una cosa es práctica y bonita de mirar, yo digo que sí.

DAVID: ¿Un váter es bonito de mirar?

ADÁN: Mi váter, sí. ¿Por qué helarse las nalgas en pleno mes de diciembre cuando puedes sentarte en un retrete calentito? ¿No se te ha roto nunca el papel de higiénico justo en el peor momento? ¿Tú sabes cómo me queda a mí el culo después del chorrito del Brondell? *(Suena la alarma de Alexa)* No queremos nada, Alexa, amor. ¡Se podría comer en mi culo después del chorrito!

EVA: ¿Acabas de llamar amor a la asistente virtual?

ADÁN: Ay, ¿no le habías llamado nunca mamá a la profe?

EVA: El redondo de ternera.

Adán sale.

DAVID: Están buenas, las patatas.

EVA: Gracias. Las hacemos nosotros. Las cortamos con una mandolina de precisión y las freímos con la Frying Free.

DAVID: ¿Cómo?

EVA: La freidora de aire. Son mucho más sanas. Las patatas de bolsa industrial—

EVA Y ADÁN: 40% patata y 60% aire.

EVA: Exacto. Y puedes hacer muchas más cosas, ¿eh? Me refiero a que al final Adán tiene razón cuando dice que todas las cosas que compra nos hacen la vida más fácil.

DAVID: ¿Y el nombre?

EVA: Eso también es cosa de Adán.

DAVID: ¿Frying Free?

ADÁN: *(Canta)* Frying Free, feel the ecstasy. ¿Lo pillas?

DAVID: ¿Ves como tienes un problema con la ruta del bakalao?

ADÁN: Perdona, pero yo no soy el único que pone nombres a las cosas.

EVA: ¿Yo? ¿A qué le he puesto nombre?

ADÁN: ¿Cómo se llama el aspirador?

EVA: ...

ADÁN: ...

EVA: Patrick Swayze.

ADÁN: Patrick Swayze.

EVA: ¡Es una Roomba!

ADÁN: Yo tendré una filia extraña con la ruta del bakalao, pero Eva la tiene con *Dirty Dancing*. Cada loco con su tema.

EVA: Perdona, pero Eleanor Bergstein con Dirty Dancing/ hace una defensa de la sexualidad—

ADÁN: "hace una defensa de la sexualidad"—

EVA: ¿Qué?

ADÁN: Femenina.

EVA: Exacto.

ADÁN: ¡Acabáramos! Resulta que *Avengers* es mierda enlatada y *Dirty Dancing* una obra maestra de la cultura occidental.

EVA: Solo diré que es una película feminista que explora la liberación sexual de la mujer y no la típica historia de amor.

DAVID: ¿Qué tienen de malo las típicas historias de amor?

EVA: Perpetúan estereotipos y los mitos del amor romántico.

ADÁN: En cambio, ver a Patrick Swayze sin camiseta una vez al mes es piedra de toque del feminismo del siglo veintiuno...

EVA: ¿Qué quieres decir con eso?

ADÁN: Es tu guilty pleasure y punto. No te avergüences. Disfrútalo.

EVA: Pero yo no estoy obsesionada con *Dirty Dancing* como tú lo estás de tus gadgets. Yo puedo vivir sin ella y tú... No.

ADÁN: ¿Ah, no? ¿Y por qué no podemos tener una sandía en la nevera sin que digas "traje una sandía, qué frase tan original"? ¿O por qué quieres ir a bailar merengue, de repente?

EVA: Para hacer algo juntos.

ADÁN: Ya hacemos cosas juntos.

EVA: Voy a llamar a Rita. *(Sale)*

DAVID: *(Comiéndose una patata)* Así que las habéis hecho con la freidora de aire...

ADÁN: Sí, son monalisa.

DAVID: ¿Las patatas?

ADÁN: No, el cuadro.

Pausa.

ADÁN: ¿Y viene de muy lejos, Meg?

DAVID: De Italia.

ADÁN: ¿Está viniendo de Italia para cenar? Bueno, para ayunar, porque ya nos has dicho que no cenará.

DAVID: No. Es italiana.

EVA: Comunica. Les está costando mucho aparcar, ¿no? ¿Y cómo os conocisteis Meg y tú? ¿En una fiesta, has dicho?

DAVID: En la fiesta nos reencontramos. Fue en vuestra casa.

EVA: ¿Cómo?

DAVID: En la fiesta de despedida del piso viejo, hace un par de meses, antes del traslado.

EVA: No recuerdo ninguna chica italiana.

ADÁN: Como para recordar algo.

EVA: ¿Tenías que invitar a medio barrio?

ADÁN: ¿Qué culpa tengo yo de que los del grupo estuvieran todos ocupados?

EVA: ¿Pero incluso a gente desconocida? Una cosa son los vecinos de toda la vida y otra todos los AirBnb de la calle.

ADÁN: Una fiesta es una fiesta.

EVA: ¿Y qué hacía ahí el del bazar de la esquina?

DAVID: Al entrar, fui a la cocina a buscar una bebida y ella estaba ahí. Ya la había visto otras veces, claro.

ADÁN: ¿Dónde? ¿Cuándo? ¿No será la italiana de mi oficina?

EVA: ¿Qué italiana de tu oficina?

ADÁN: No, no estaba en la fiesta.

DAVID: Esa noche estaba diferente de cómo la recordaba. O quizás era yo el que había cambiado, no lo sé. Fue como si estuviera dentro de una película, con los violines, ella bajo una luz misteriosa—

EVA: ¿Los fluorescentes de la cocina?

ADÁN: Sí, sí, ¿pero te la follaste? ¿En la cocina? Sobre el lavaplatos es una puta fantasía.

EVA: Adán, por favor, no seas cavernícola. ¿Qué quiere decir si se la folló? Como si la pobre chica fuera un objeto sexual.

DAVID: No es ningún objeto sexual.

ADÁN: ¿Y yacisteis, copulasteis, hicisteis el amor? Espero que lo hicieras sobre el lavaplatos porque de verdad que es la hostia. ¡Qué máquina estás hecho!

EVA: ¡Joder, que estás hablando de nuestra cocina y de nuestro lavaplatos!

ADÁN: Ay, cariño, no seas aguafiestas. Si, total, ahora que lo tenemos empotrado bajo el mármol ya no podremos—

EVA: ¿No podremos qué?

DAVID: No pasó nada.

ADÁN: Pero le pediste el Instagram, ¿no?

DAVID: No tiene.

ADÁN: ¿El teléfono?

DAVID: No tiene móvil.

ADÁN: ¿Cómo que no tiene teléfono?

DAVID: Sabía perfectamente dónde encontrarla.

EVA: ¿Y os volvisteis a ver después de la fiesta?

DAVID: Un par de veces. Después ella ha estado incomunicada y hasta hoy, que nos hemos reencontrado.

ADÁN: Ya tengo ganas de que llegue para preguntarle cómo puede vivir en pleno siglo veintiuno sin un teléfono móvil.

DAVID: Bueno, de hecho os he mentido.

ADÁN: Ya estamos otra vez…

DAVID: Ella no vendrá. Ya está aquí.

Pausa extrañada.

EVA: ¿Cómo que ya está aquí?

DAVID: Pues eso.

ADÁN: ¿Y dónde la tienes, escondida en la habitación? ¿O

en el baño?

DAVID: No, hombre, no. ¿Cómo quieres que la tenga escondida en el baño?

EVA: ¿La has dejado en el rellano? Pues no le estará haciendo puta gracia llevar ahí media hora.

DAVID: No, no está en el rellano. Ya está aquí. En la cocina.

ADÁN: ¿Es un Pin y Pon que ha entrado dentro de tu bolsillo?

DAVID: No, no cabe en mi bolsillo. No seas idiota.

ADÁN: Pues explícate mejor.

DAVID: Meg está en la cocina.

Adán sale.

EVA: David, ¿cómo puede ser que Meg esté en la cocina si no hemos abierto la puerta a nadie?

DAVID: Meg ya estaba en la cocina.

Adán vuelve.

ADÁN: En la cocina no hay nadie.

EVA: ¿Qué quiere decir que Meg ya estaba en la cocina?

ADÁN: Este tío está perdiendo la chaveta, amor. Tanto *Guardaespaldas* y *Pretty Woman* lo han dejado apollardado. Que dice que en nuestra cocina hay una mujer.

DAVID: Yo no he dicho que haya una mujer.

ADÁN: ¡Claro que no hay ninguna mujer! Lo que hay es un redondo de ternera dentro del horno y como no te expliques, también estará mi cabeza, porque estoy a punto de hacer un Sylvia Plath.

EVA: Adán, este comentario me parece fuera de lugar, la

verdad.

ADÁN: ¿Y no te parece fuera de lugar que nuestro amigo diga que su novia Meg, la italiana sin apetito, está en la cocina?

EVA: Estoy convencida de que tiene una explicación plausible.

Pausa.

EVA: Una explicación que queremos escuchar.

DAVID: Tiene una explicación. Lo que pasa es que quizás os costará aceptarla. Mi relación no es como la vuestra.

ADÁN: ¿Qué quiere decir que no es como la nuestra?

DAVID: Es especial.

ADÁN: ¿Estás criticando nuestra relación? Que nuestra relación es de puta madre, ¿eh? Que somos la envidia de todo el mundo. Que ganaríamos oro, plata y bronce en unas olimpiadas de parejas.

EVA: Bueno, amor, no es un concurso, ¿no?

ADÁN: Claro que no es un concurso. Si fuera un concurso lo ganaríamos de calle. ¿Se puede saber cómo es nuestra relación?

DAVID: Normal.

ADÁN: No, normal, no.

EVA: Normal está bien.

ADÁN: A mí normal me suena a del montón. Y por ahí no paso.

EVA: En cualquier caso, no estamos hablando de nosotros, sino de David. Nos puedes contar lo que sea, no te juzgaremos. Somos tus amigos.

DAVID: Meg... A ver... Mente abierta...

EVA: Sí, mente abierta, claro. Mente abierta.

DAVID: Meg no es una mujer.

EVA: A ver, si ella se siente mujer...

DAVID: No, es que no lo es.

ADÁN: Solamente es invisible. Para tu información, en la cocina no había rastro de vida humana, ni mujer, hombre, ni gato ni perro. Así que, chaval, o tu novia es la nevera o yo no entiendo nada.

DAVID: *(Se ríe)* Mi novia no es la nevera.

Se ríen todos.

EVA: Eso sí que sería una sorpresa.

ADÁN: Ya nos podemos imaginar que no es la nevera.

DAVID: Es el exprimidor.

EVA: ¿Cómo?

DAVID: Meg es vuestro exprimidor.

ADÁN: Y mi madre es la vitrocerámica.

DAVID: Lo digo de verdad.

ADÁN: Y yo también.

DAVID: Pero yo lo digo de verdad verdad.

EVA: ¿Qué quieres decir con esto de que tu novia es un exprimidor?

ADÁN: No un exprimidor, nuestro exprimidor.

DAVID: Exacto.

Las risas se apagan. Silencio.

3. LA MUJER OBJETO

No se sabe si han pasado unos segundos o diez horas desde la última réplica.

EVA: ¿El exprimidor?

ADÁN: ¿Hablas en serio?

DAVID: Sí.

ADÁN: ¿Nos quieres hacer creer que el exprimidor es una mujer?

DAVID: Ya os he dicho que no era una mujer.

EVA: Estás de broma, ¿no?

ADÁN: Claro que está de broma.

DAVID: No. Estoy enamorado de Meg, vuestro exprimidor. Meg es mi media naranja.

Pausa.

EVA: Espera que yo lo entienda. ¿Tu media naranja es nuestro exprimidor?

DAVID: Sí.

ADÁN: ¿Tu novia es mi exprimidor? ¿Mi exprimidor?

EVA: ¿Estás celoso?

ADÁN: ¿Estamos todos locos? O quizás nos ha subido el negroni a la cabeza...

EVA: Como dices "mi exprimidor" con tanta contundencia...

ADÁN: ¿Acaso no es mío?

EVA: Nuestro.

ADÁN: Tecnicismos.

DAVID: Sí, mi pareja es vuestro exprimidor.

EVA: ¿El exprimidor de naranjas?

ADÁN: Cítricos.

DAVID: Estoy enamorado de ella.

EVA: Vale, vale. Ok. Estás enamorado del exprimidor.

DAVID: Meg.

EVA: Meg. Creo que hablo en nombre de los dos si digo que, seguramente, no es lo que nos esperábamos cuando nos has dicho que nos presentarías a tu pareja, porque un exprimidor, así de de sopetón—

ADÁN: Hostia puta. Smeg.

EVA: Sí, de acuerdo, Meg—

ADÁN: No, Smeg, la marca. Smeg. Es Meg. Es Meg. SMEG!

DAVID: Exacto.

ADÁN: Hostia santa, que ahora resulta que el exprimidor es Meg Ryan, venga, dale gas...

DAVID: Perdona, como si fuera yo el único que va repartiendo nombres a diestro y siniestro. ¿Cómo se llama vuestro coche?

ADÁN: Sin Diesel. Y sí, yo pongo nombre a las cosas, pero no voy diciendo que tengo con ellas una historia de amor a lo Romeo y Julieta.

DAVID: ¡Por favor! No tiene nada que ver con Romeo y Julieta.

ADÁN: ¡Claro que no!

DAVID: Nuestra historia no es trágica, es preciosa.

ADÁN: ¡Los exprimidores no tienen sentimientos!

EVA: Adán, por favor, haz un esfuerzo para intentar entender qué está pasando.

ADÁN: ¿Pero qué esfuerzo quieres que haga?

DAVID: Que por un instante dejes de pensar en ti mismo, en tu manera de entender el mundo, e intentes ponerte en la piel de los demás.

ADÁN: Vale, sí, me pongo en tu piel: "Oh, ¿qué es esto que tengo en el bolsillo? ¡Mi móvil! Oh, qué extrañamente sexy. Te quiero. ¿Qué dices? ¿Que tú también me quieres? Oh, ¿qué es esto que tengo en el otro bolsillo? ¿Es una pistola o es que estoy contento de ver a mi iPhone nuevo?" Venga, hombre, ahora resulta que el problema es que yo soy estrecho de miras.

DAVID: Lloraste cuando abrieron el Apple Store.

ADÁN: ¿Y eso qué tiene que ver?

DAVID: Tú sientes cosas.

ADÁN: Claro que siento cosas.

DAVID: Tú sientes cosas por las cosas. ¿O me dirás que no quieres a tu iPhone?

EVA: Y tanto que lo quiere. Lo he visto gastarse más dinero en el protector de pantalla del teléfono que en el regalo de cumpleaños de sus sobrinos.

ADÁN: Porque no sé qué les gusta y acabo cogiendo cualquier cosa.

EVA: Pero si siempre lo acabo eligiendo yo.

ADÁN: Entonces eres tú quien elige una cosa barata. ¡No es mi culpa!

DAVID: No es culpa de nadie...

EVA: Porque pienso que a los niños no se los tiene que malcriar con demasiados regalos. Les generas dependencia.

ADÁN: Mira, cariño, ya sé que tú quieres que tengamos niños de esos que juegan con un cubo de madera, como si estuviéramos en la posguerra, y que fabriquen maracas con el rollo de papel higiénico—

EVA: Es que yo no sé si quiero tener hijos.

ADÁN: Pero en cualquier caso no lo decidiremos—

EVA: Decidiré.

ADÁN: Decidirás hoy, aparquemos el tema.

DAVID: No discutáis.

EVA: Seguro que tus padres te regalaban demasiadas cosas de pequeño.

ADÁN: No.

EVA: Para ti los regalos equivalen a amor. Tienes dependencia.

ADÁN: ¿De verdad quieres hablar de si tengo un trauma porque a mí no me compraron nunca la Super Nintendo y al vecino de la flauta sí?

EVA: Se os ve de lejos. Eres el típico niño a quien los padres le prometen un juguete si se porta bien en la consulta.

ADÁN: Tú eres dentista o psicóloga?

DAVID: ¡Basta!

ADÁN: Cambiemos de tema. ¿Podemos, por favor, dejar de hablar de si yo quiero a mi teléfono y de que tú crees que tienes una relación con mi exprimidor?

DAVID: ¿Por qué no puedes ni hacer el esfuerzo de entender que esto que sentimos Meg y yo puede ser amor? Que es amor. Mira, de hecho, ella ya me había advertido de que posiblemente reaccionarías así. Cuando le he dicho que hoy os explicaría lo nuestro, le ha cambiado la cara.

EVA: Meg te ha dicho—

ADÁN: Amor, no la llames así, no le rías la gracia…

EVA: ¿Meg y tú habéis estado hablando?

DAVID: Antes, en la cocina. Os lo he dicho.

ADÁN: ¿Y no habéis pensado en hacer un trío con la tostadora? Es de misma marca. Y dicen que va muy caliente.

DAVID: Guau, muy gracioso. ¿De verdad? Mira, si te vas a poner así, me largo.

ADÁN: No, que el horno se enfadará. Se enciende por nada.

DAVID: Será mejor que lo dejemos aquí.

EVA: Espera. No te vayas. Lo quiero entender, de verdad, David. Los dos lo queremos entender.

ADÁN: Yo no.

EVA: Somos amigos.

DAVID: No está dispuesto a tener una actitud abierta, ¿lo ves?

EVA: Por favor, si no lo haces por Adán, hazlo por mí.

ADÁN: ¿Qué quieres entender? Si está clarísimo. Todas las relaciones de David con mujeres en quince años no han funcionado porque él estaba esperando su media naranja, un exprimidor.

EVA: De naranjas.

ADÁN: Cítricos.

DAVID: Exacto.

ADÁN: ¿Ves? Él mismo lo reconoce. Está como las maracas de Machín.

DAVID: Ni con Juana, ni con Nuria, ni con Carol, ni con Nieves, ni con Berta, ni con Eli, ni con Esther, ni con Rosa ni con Susana sentía lo que siento ahora con Meg.

ADÁN: ¿Todas estas novias has tenido? Joder.

DAVID: No era lo que tenía que ser. Aquello no era amor de verdad. Ellas no eran mi media naranja, eran relaciones vacías.

Vuelve el karaoke en la cabeza de David.

DAVID:

I feel it in my fingers
I feel it in my toes
Love that's all around me
And so the feeling grows
It's written on the wind
It's everywhere I go,
So if you really love me
Come on and let it show.

ADÁN: ¿Vacías? ¿Y con el exprimidor, en cambio, tienes debates intelectuales? ¿Estáis planeando dominar el mundo? ¿O quizás os gusta ir juntas al karaoke? Yo lo encuentro un poco monótono *(Imita un exprimidor)*, pero igual afina.

DAVID: Ella me comprende. Ella no espera nada de mí, ni me quiere cambiar ni quiere que haga nada que yo no quiera hacer. Con ella puedo ser como soy. Y no pasa nada.

Karaoke mental de pelis románticas de nuevo.

I don't want to close my eyes
I don't want to fall asleep
'Cause I'd miss you baby
And I don't want to miss a thing!

EVA: Pero es un simple exprimidor.
ADÁN: A ver, tampoco le faltemos al respeto, que es un exprimidor de puta madre. Que parece que lo estés

poniendo al mismo nivel que un Cecotec, y eso tampoco es.

DAVID: ¿Lo ves?

ADÁN: ¿Qué?

DAVID: Tú también crees que es especial.

ADÁN: Es un exprimidor.

DAVID: Tú la ves así. Yo también la veía así al principio, si te soy sincero. Reconozco que el primer día, cuando vine a vuestra casa y la vi, ahí, en la cocina, me llamó la atención. Cómo no, con esas curvas y aquel color rojo intenso. Quizás fue amor a primera vista y yo no lo quería ver. O creer. O aceptar. Hay cosas que no son fáciles de aceptar. Quizás fue una de aquellas historias en las que poco a poco una amistad se va transformando en algo más casi sin darte cuenta. Así fue al principio. Y nos veíamos de vez en cuando pero nada, como amigos. Nada me hacía sospechar que todo cambiaría el día de la fiesta. El día de la fiesta. Lo recuerdo como si fuera ahora. Quizás es porque, con todas las cajas de cartón que había en la cocina, ella todavía destacaba más. La habías cambiado de sitio, preparándola para el inminente traslado. Situada bajo el fluorescente pequeño, el del mármol. Era de noche y la luz del fluorescente incidía directamente sobre ella, dibujando una sombra enigmática en su costado, distorsionando su figura. Pero el color rojo… El rojo era inconfundible. Me acerqué. Me costaba tragar saliva. Me notaba la boca seca. ¿Sabes cuando sientes mariposas en el estómago y te cuesta tragar saliva? No podía ni hablar. No sabía qué decirle. Pero no nos hicieron falta las palabras.

ADÁN: Todo esto está muy bien, Meg es tu media naranja,

blablablá, pero—

DAVID: De hecho, la concepción platónica de la media naranja me parece errónea—

ADÁN: Ahora se pone filosófico...

DAVID: Meg es mi media naranja, sí, pero no porque encajemos perfectamente, no, sino porque encajamos imperfectamente. Ella no es perfecta y yo tampoco y, por tanto, nuestra relación también lo será, pero ¿qué relación no lo es, al fin y al cabo?

ADÁN: O sea que te has chalado porque no hay ninguna tía que te aguante las tonterías.

DAVID: ¡No! He entendido que hasta ahora yo había buscado la perfección, una relación imposible, y que la perfección es imposible porque es subjetiva. La perfección para mí es un domingo por la mañana, en casa, viendo una peli con Meg, compartiendo un zumo que hemos exprimido juntos. Sencillo. Fácil.

ADÁN: Te olvidas de algo.

DAVID: ¿Qué?

ADÁN: Todo eso que tú sientes cuando ves a Meg, ella no lo siente. No puede. No tiene sentimientos.

DAVID: Eso lo dices tú...

ADÁN: Yo y el sentido común...

DAVID: Tú me hablas de lógica y yo de sentimientos. ¿Por qué no puede sentir un exprimidor? ¿Donde está escrito?

ADÁN: ¿En las instrucciones?

DAVID: El amor no entiende de instrucciones. ¿O es que quizás no es sensible a la presión de tu mano exprimiendo la naranja? ¿O es que quizás el amor que tú pones al apretar la naranja contra ella no te lo devuelve dentro del zumo? Vale, su amor no se mide en palabras. No me dirá nunca que me quiere, pero es que yo no necesito que me lo diga.

EVA: [...]

DAVID: ¿Cómo mides tú el amor, Adán?

ADÁN: [...]

EVA: Meg, pues—

ADÁN: No lo llames por el nombre. No se llama así.

EVA: El exprimidor... te quiere.

DAVID: Sí.

ADÁN: Salgo a fumarme un cigarrillo en la terraza.

EVA: Pero si me dijiste que no fumarías en el piso nuevo.

ADÁN: Pues hoy sí fumo. Todavía tengo una mínima esperanza de que cenaremos en paz, que te pondrás el puto vestido de cocktail que me ha costado una pasta y que inauguraremos el piso, nuestro piso, como merecemos. Porque esto sí que es amor.

Sale.

EVA: Ha sido bonito.

DAVID: Gracias.

EVA: Esto de Meg lo dices de verdad, ¿no?

DAVID: Totalmente.

EVA: Es amor de verdad.

DAVID: Tan real como que el vestido que te ha regalado Adán no te gusta—

EVA: Pero es extraño.

DAVID: ¿Y no lo son todos los amores?

EVA: Unos más que otros, supongo.

DAVID: ¿Dejar de ser el que encaja? No, no es extraño.

EVA: Pero los demás, Adán, los amigos—

DAVID: Llevo muchos años sintiéndome una mierda por culpa de los demás, de qué dirán los demás, de qué pensarán los demás, de cómo me verán los demás. Basta. Solo quiero ser feliz.

EVA: No queremos estar solos. No sabemos estar solos. Da miedo.

DAVID: Y por eso vemos películas donde todo acaba con una frase épica, un beso y música pegajosa, ¿verdad?

Pausa.

EVA: Tengo que ir a controlar la carne. ¿Puedes buscar las copas?

Sale Eva. David busca. Las encuentra. Vuelve Adán. Pausa tensa.

DAVID: He encontrado las copas.

ADÁN: Estas no. Las odio. No pegan con nada.

DAVID: A Eva le gustan.

ADÁN: Las podría tirar, pero no. Le hacen recordar cosas.

DAVID: Le cuesta deshacerse de algunas cosas. Aunque ya no sirvan.

ADÁN: Pero despúes en el trabajo ni una puta migaja de piedad, ¿eh? Que te arranca las muelas que si pudiera meterte el pie en la boca para hacer palanca, lo haría encantada. Ahí, ni recuerdos ni hostias. Guárdalas. No podemos celebrar la inauguración con estas copas feas.

DAVID: ¿Prefieres beber el vino a morro?
ADÁN: Ponlas.

Pausa.

DAVID: A Meg le gusta mucho el piso nuevo.
ADÁN: ¿Qué?
DAVID: Es más grande, más nuevo. Tiene mucha luz. Le gusta.
ADÁN: El piso es de puta madre.
DAVID: Pero echa de menos el fluorescente pequeño del mármol.

Vuelve Eva con Meg.

EVA: ¡Las habéis encontrado!
DAVID: ¡Meg!
ADÁN: Eva, pero qué—
EVA: Me ha parecido que, si hablamos de ella, lo más justo es que también esté. Es feo hablar a escondidas de las personas, ¿no? Así también podrá decir lo que quiera. Bueno, ya me entendéis.
DAVID: ¿Puedo?
ADÁN: [...]
EVA: Sí, claro.
DAVID: Gracias. *(La coge)*
EVA: *(A Adán)* ¿Estás más tranquilo?
ADÁN: [...]
DAVID: Le comentaba a Adán que a Meg le gusta mucho el piso nuevo.

EVA: Y eso que no ha visto las vistas desde la terraza. ¿Te hemos dicho que son espectaculares?

ADÁN: Se ve... todo.

EVA: Yo no diría todo todo, pero sí muchas cosas.

ADÁN: Casi todo.

EVA: Todo, no. Ni que se viera la torre de Pisa.

ADÁN: Me refiero a que se ve lejos. Cosas que están muy lejos. La inmensidad.

EVA: Porque no hay nada en kilómetros a la redonda.

ADÁN: ¿Preferías ver las bragas de la vecina de delante tendidas como nos pasaba todos los días en el otro piso?

EVA: Era muy maja la señora María.

ADÁN: Indudablemente, pero yo no tenía ninguna necesidad de ver su ropa interior.

EVA: Aquí te tengo que dar la razón.

DAVID: Si lo piensas bien, todo es gracias a ti.

ADÁN: ¿Dejar de ver las bragas de la vecina?

DAVID: Tú me hablaste de ella.

ADÁN: ¿De la señora María?

EVA: De Meg.

DAVID: No parabas de hablar de ella, de hecho.

ADÁN: Quizás había salido alguna vez en la conversación.

DAVID: Siempre que podías sacabas el tema.

EVA: Había sido una decisión muy meditada. Yo no lo veía claro, al principio.

ADÁN: Yo siempre había querido.

EVA: Estabas tan nervioso el día que fuimos a la tienda a buscarla.

ADÁN: No es verdad.

EVA: ¿Cómo que no es verdad? No dormiste.

ADÁN: Había tardado tanto.

EVA: Se habían quedado sin stock y la tuvimos encargada durante unas semanas.

ADÁN: Parecieron meses.

EVA: Cuando nos llamaron para decir que la podíamos ir a recoger, no nos lo podíamos creer.

ADÁN: No sabía si sería verde o roja. Pensaba... qué más da, si la querremos igual. El color no importa. Y esperé hasta el último momento a decidir.

EVA: Yo prefería la verde.

DAVID: Se te veía tan feliz. No te veía tan feliz desde que empezaste a salir con Eva. Que si aquello era lo que siempre habías deseado, que qué maravilla—

ADÁN: Y entonces me di cuenta de que me había dejado la cartera en casa. Los nervios...

EVA: Pagué y fuimos hacia el coche.

ADÁN: Le puse el cinturón.

EVA: La ibas mirando todo el trayecto preocupado por si se movía.

ADÁN: 1 de agosto de 2022.

EVA: Ese día empezaste a hablar de cambiarnos de piso.

DAVID: Os veía y aquello era felicidad. El tipo de felicidad que yo quería para mí. El tipo de felicidad que merezco. Os veía a vosotros y pensaba: yo quiero un amor así.

EVA: Gracias.

DAVID: Hablaba de Adán y Meg.

Pausa.

EVA: Voy a buscar una botella de vino.

DAVID: Me gustaría viajar con Meg a Italia. No ahora, algún día.

ADÁN: ¿A Italia?

DAVID: Ya sabes, para conocer sus orígenes, su familia. ¿Sabías que viene de un pequeño pueblo del Reggio Emilia? ¿Y que la primera prima, digo prima porque es una cocina y está claro que no pueden ser hermanas, se llamaba Elisabeth? Y que su—

EVA: Pero ¿no se llama Meg Ryan?

DAVID: Yo la llamo así. Es un nombre cariñoso, entre nosotros.

ADÁN: Meg Ryan...

DAVID: No tienes ningún apelativo cariñoso para Eva?

ADÁN: Amor, cariño... Lo normal.

DAVID: Uno que sea solo vuestro, quiero decir...

ADÁN: No.

DAVID: ¿Pero la freidora de aire sí tiene nombre?

ADÁN: Total, que te gustaría ir a Italia.

DAVID: Pasear por las calles, comer pasta, hacernos las típicas fotos en los lugares turísticos...

ADÁN: Yo no creo que le guste este turismo tan mainstream.

DAVID: ¿No?

ADÁN: No, yo creo que es más de tomarse un negroni en Positano...

EVA: O quizás sí que le gusta y quiere que compartan un plato de espaguetis como en *La Dama y el Vagabundo*.

ADÁN: ¿Y que David empuje una albóndiga con la nariz?

EVA: Quizás sí. Quizás lo han hablado. Quizás han decidido juntos dónde pasarán las próximas vacaciones.

ADÁN: Que no, que la conozco.

DAVID: Quizás sí, quizás tienes razón. Quizás todavía no le conozco bastante los gustos. No me quiero justificar, pero todavía no hemos podido tener una cita como hacen las demás parejas. Solos. Conocernos de verdad. Hablar del futuro, de si queremos tener hijos, de las cosas importantes, ¿no? Perdonadme, es que no me hago al cargo de que hasta hoy no os hayáis enterado de esto nuestro. ¿De verdad no teníais sospechas?

ADÁN: Puedo asegurar que no.

DAVID: ¿No veíais que insistí mucho en ayudaros a empaquetar por el traslado?

EVA: Ay, yo qué sé qué... Como eres tan buena persona.

DAVID: Buena persona, sí, pero no un idiota. ¿Quién se ofrece voluntario para una mudanza?

EVA: Era una excusa.

DAVID: ¡Para verla! ¿Y la cara de idiota que se me quedaba cuando la veía? Nos recuerdo a los cuatro en la cocina, haciendo una pausa y yo la miraba y pensaba: Dios mío, tienen que estar viendo la cara de idiota que pongo, ya se habrán dado cuenta. Las miraditas, buscar cualquier excusa para pasar cerca, buscar un gesto de complicidad...

EVA: Se os ve bien juntos. Quiero decir que hacéis buena pareja. Os hacéis felices.

ADÁN: ¿Y los demás?

DAVID: Álex y Rita buscan sitio para aparcar.

ADÁN: No, me refiero al resto del mundo.

DAVID: ¿Qué pasa con el resto del mundo?

ADÁN: Quieres tener una cita, ¿no? Una cita normal. No una cita a escondidas en mi cocina.

EVA: Nuestra.

ADÁN: Nuestra.

DAVID: Sí.

ADÁN: ¿Ir al cine?

DAVID: Puede ser.

ADÁN: Pongamos que echan un ciclo retrospectivo de cine de Nora Epson en la Filmoteca—

DAVID: Dudo que le hagan una retrospectiva a Nora Ephron en la Filmoteca. Las comedias románticas están infravaloradas. Y en la Filmoteca solo echan pelis para culturetas que tienen el carné de la Filmoteca.

EVA: Adán tiene el carné de la Filmoteca.

DAVID: Y no ha visto nunca una película de la Nora Ephron.

ADÁN: Pongamos que quieres ir al cine a ver una película. ¿Esto sería una cita?

DAVID: Supongo.

ADÁN: ¿Qué dirían en la taquilla? ¿Meg pagaría entrada? ¿Le comprarías unas palomitas? ¿Pequeñas o medianas? ¿Qué diría la gente a vuestro alrededor de que estuvieras viendo una película acompañado de un exprimidor?

DAVID: ¿Qué le importa a la gente con quién voy o dejo de ir al cine?

ADÁN: A la gente le importa. Y la gente lo vería. Y lo comentaría. Hablarían de ti.

DAVID: Yo no quiero que hablen de mí.

ADÁN: Pero lo harían. Porque yo entiendo que te sientes solo y que estar solo no debe ser fácil, y que por eso crees que te has enamorado de un exprimidor, los demás—

EVA: No lo cree, está enamorado de Meg.

ADÁN: De acuerdo, pese a que yo entiendo que te has enamorado de un exprimidor, los demás, el resto del mundo no lo entenderá. ¿No te preocupa qué piensen de ti?

DAVID: ¿Y a ti por qué te preocupa tanto qué piensen de mí?

ADÁN: Me preocupa qué pensarán de mí. El exprimidor es mío.

EVA: Nuestro.

DAVID: Quizás si la gente se preocupara más de sus cosas y menos de las de los demás, las cosas nos irían mejor.

ADÁN: Aclárate: ¿quieres una pareja para encajar dentro de la sociedad o quieres crear una sociedad utópica donde salir con electrodomésticos sea normal?

DAVID: Es que es normal. ¿Qué le importa al mundo de quién me enamoro?

ADÁN: Lo mismo podría decir un pederasta.

DAVID: ¿Qué?

EVA: ¡Adán!

ADÁN: ¿Qué?

EVA: Retíralo ahora mismo.

ADÁN: Escúchame.

EVA: Estás traspasando una línea roja.

ADÁN: Tú escucha.

EVA: No escucho, no.

ADÁN: De acuerdo. Cambio pederastia por zoofilia. Eso de amar libremente, al final, tiene que tener unas normas, ¿no? Cierta aceptación social, un consenso. Un consentimiento. Mutuo. Y estaremos de acuerdo en que ni en el caso de los menores, ni de los animales, ni de Meg, existe, ni es posible este consentimiento. Y a pesar de yo pueda aceptar esta fantasía dentro de tu cabeza de que tú la quieres y ella te quiere a ti, el resto de la humanidad —

estoy bastante seguro— no lo verá con los mismos ojos. Y cuidado, que yo no creo que tú seas un pervertido.

DAVID: Gracias.

ADÁN: No lo eres. Porque eres un buen tío, porque eres mi amigo y porque tú, a Meg, no te la has follado.

Pausa.

ADÁN: ¿Te la has follado?

EVA: ¡Adán!

DAVID: ¿Qué?

ADÁN: ¿Te la has follado!

DAVID: No.

ADÁN: ¡Guarro!

DAVID: Eres tan coitocéntrico...

ADÁN: ¿Qué me ha llamado?

DAVID: Coitocéntrico.

ADÁN: ¿Qué?

DAVID: Coito—

EVA: Que pones la penetración como único objetivo de las relaciones sexuales.

DAVID: Esto.

ADÁN: Que yo pongo la— No, mira, si quieres hablamos de si dormís haciendo la cucharilla. ¿Dónde?

DAVID: [...]

EVA: Si solo se han visto en nuestro piso...

ADÁN: ¿En mi cocina? ¡Tío! ¿De qué vas?

DAVID: Antes te parecía bien.

ADÁN: ¡Antes de saber que te estabas tirando a mi exprimidor!

DAVID: Incluso querías que lo hiciéramos sobre el lavaplatos.

ADÁN: ¡Qué asco!

DAVID: Pero ¿por qué te pones así?

ADÁN: ¿Tienes un trauma infantil o qué pasa?

DAVID: ¿Yo tengo un trauma? ¡Pero si eres tú el que me está acusando a mí!

Pausa.

ADÁN: ¿Te la has follado o no?

DAVID: ¿De verdad esto es lo único que te importa?

ADÁN: Si me dices que sí tendré que lavarme la puta boca con aguarrás, así que contesta.

EVA: No queremos saberlo, David. No es nuestro problema.

ADÁN: ¿No es nuestro problema? Claro que es nuestro problema.

EVA: David no nos está hablando de sexo, nos está hablando de amor. Meg no es un objeto.

ADÁN: ¿Ah no?

EVA: No es un objeto sexual.

DAVID: Gracias.

EVA: No lo reduzcas todo al sexo. No seas tan básico.

ADÁN: Pues bien contenta que te pusiste cuando te regalé el Satisfyer por Navidad.

EVA: Yo no tengo una relación con el Satisfyer.

ADÁN: Gracias a Dios.

EVA: *(Piensa en voz alta)* Aunque sexualmente me satisface más que tú.

ADÁN: ¿Cómo?

EVA: A ver, es su función, ¿no?

ADÁN: ¿Y mi función cuál es? ¿Darte masajitos en los pies?

EVA: Amor, yo de verdad creía que tenías tu masculinidad más trabajada. Pero te veo frágil.

DAVID: Muy frágil.

ADÁN: A ver, que en cinco minutos me acabo de tragar que mi mejor amigo se enrolla con mi exprimidor y que mi novia prefiere follar con el Satisfyer.

EVA: Yo no he dicho esto.

ADÁN: No me esperaba esto de Santi.

DAVID: ¿Qué Santi?

ADÁN: Santi on fire.

DAVID: Santi on fire.

EVA: El vibrador. Y no se llama así.

ADÁN: Se lo pusimos el primer día.

EVA: Se lo pusiste tú. El puto Satisfyer no tiene nombre. No quiero que tenga nombre. No es una persona, es un puto objeto. Perdona, Meg, por lo de objeto.

DAVID: No se ha dado por aludida.

ADÁN: ¿Un objeto te pone más que yo?

EVA: ¡No me pone más que tú! ¡No me pone nada! Es un puto aparato generador de orgasmos, no un ser humano. Y si nueve años después, Adán, te tengo que explicar la diferencia entre usar el Satisfyer por puro placer y hacer el amor contigo, realmente tenemos un problema.

Pausa.

ADÁN: ¿Puedes ir a sacar el redondo de ternera del horno antes de que se queme?

EVA: ¿Y Alexa?

ADÁN: Alexa no tiene piernas y tú sí.

Sale.

DAVID: Yo de verdad que creo que os iría muy bien lo de los bailes latinos para conectar vuestros cuerpos desde la sensualidad.

ADÁN: Tú deja de hablar de sensualidad, follaexprimidores.

DAVID: Pero que yo no me he follado a tu exprimidor...

ADÁN: ¿Ah no?

DAVID: No.

ADÁN: Vale.

DAVID: Yo he tenido relaciones sexoafectivas con Meg Ryan.

ADÁN: Dime que estás hablando de Meg Ryan de *Top Gun*.

DAVID: No.

ADÁN: Pervertido.

DAVID: No es lo que piensas.

ADÁN: Es peor.

DAVID: Con Meg no estamos instalados en un plano sexual corpóreo.

ADÁN: ¿De qué hablas? ¿De sexo tántrico? Mira, yo es que esto de meditar y la respiración consciente... Yo, si respiro, respiro y si follo, follo.

DAVID: Neurosexo. Meg y yo no necesitamos contacto físico para llegar al orgasmo. Llegamos a través de la mente, a través de la estimulación mental y la imaginación.

ADÁN: Vaya, que te imaginas que te la estás follando mientras te la—

DAVID: ¡No! No nos tocamos. Nos miramos, conectamos. Es todo lo que puedes esperar del sexo pero sin contacto físico. Meg y yo hemos transcendido el plano físico y hemos llegado al éxtasis desde la intimidad creada solo por nuestras mentes.

ADÁN: Sí, sí... Pero con todo esto, ¿Meg se corre?

DAVID: Como una licuadora. Escucha, perdona que me meta, pero me ha parecido detectar en Eva cierta insatisfacción. Si quieres que te pase un par de libros sobre neurosexo... Canela en rama...

Entra Eva con un vestido rojo espectacular. Pero no es Eva. Es Meg.

MEG: No es pedir demasiado. Preguntar antes de decidir por mí. Conectar con mis necesidades. Saber leerme. Como un libro abierto. Seguir las instrucciones. Interpretar mis señales. Escuchar los mensajes de mi cuerpo. Porque lo que yo quiero no es el puto neurosexo. Yo quiero que me folle de forma salvaje, que me empotre sin piedad, que me penetre por todos los orificios posibles y que use mi cable de la corriente para electrocutarme, para estrangularme, para hacerme marcas que me duren días. No quiero tener orgasmos mentales, lo que yo quiero es sentirlo dentro de mí, mezclando su cuerpo con el mío, sus fluidos con los míos. Quiero que me lama, que me succione, que me muerda, que me posea, que me domine, que me humille, que me reviente. No quiero un plano espiritual, quiero contacto físico. Deja de lado tus putas fantasías y mira lo que tienes delante. No soy una mujer. No soy una mujer. Soy un objeto. No siento nada. No puedo. Ni en el plano mental ni en el físico. Quiero sentir cosas. Quiero sentir algo. Quiero ser un pedazo de carne. Quiero ser tu pedazo de carne.

Meg sale.

DAVID: Incluso Lady Gaga lo practica. El neurosexo es la hostia. Con Meg estamos encantados.

Pausa.

ADÁN: Lady Gaga también lleva vestidos hechos con bistecs.
DAVID: ¿Qué quieres decir con eso?
ADÁN: Que yo los bistecs me los como y que nueve años después Eva y yo consideramos una noche loca el día que no dejamos la ropa doblada en el sillón antes de follar.

4. LA MUJER OBJETO

No se sabe si han pasado segundos o diez horas desde la última réplica. Vuelve Eva, vestida como antes.

EVA: El redondo de ternera está listo. He parado el horno.
ADÁN: El gigot de—
EVA: La puta carne de los cojones. ¿Nos la comeremos como seres civilizados que hace años que son amigos o la tiro por la ventana?

Pausa.

ADÁN: Cenaremos.
EVA: Pues id poniendo la mesa mientras yo llamo a Álex y Rita y les pregunto dónde cojones están aparcando cuando abajo hay lugar para aparcar en fila cuatro tráileres del Circo del Sol.

Sale.

ADÁN: A ver, de acuerdo, vamos al grano antes de que lleguen los demás. Pongamos que Eva y yo aprobamos tu relación con Meg. ¿Qué quieres? ¿Unas horas para verla? ¿Un régimen de visitas? ¿Llevarla a cenar a La Tagliatella?
DAVID: Yo no busco vuestra aprobación.
ADÁN: Un poco sí.
DAVID: Que no.
ADÁN: Necesitas mi consentimiento, ¿no?
DAVID: No eres su padre.

ADÁN: Soy su—

DAVID: ¿Dueño?

ADÁN: Tutor legal.

DAVID: Meg puede tomar decisiones por ella misma.

ADÁN: ¿Meg sabe qué le conviene?

DAVID: ¿No lo sabe?

ADÁN: Diría que no.

DAVID: ¿Como Eva?

ADÁN: ¿Qué pasa con Eva?

DAVID: [...]

ADÁN: Empiezo a pensar que en verdad estás colgado de ella.

DAVID: No seas ridículo. Eva es mi amiga.

ADÁN: Solo tienes envidia de nuestra relación...

DAVID: Al contrario.

Vuelve Eva.

EVA: No disponible o fuera de cobertura. Ya te decía yo que estamos demasiado lejos de todo.

Se sientan.

EVA: ¿De qué hablabais?

DAVID: De vuestra relación.

EVA: ¿Ahora discutimos nuestra relación con David? ¿Cuando hablaste de abrir la relación hacías referencia a esto?

ADÁN: Parece ser que despertamos un poco de envidia.

DAVID: Eso lo has dicho tú.

EVA: ¿A quién damos envidia?

ADÁN: A David. Un poco.

DAVID: Que no.

ADÁN: Que sí.

EVA: Me parece que todo esto solo es un peli que te has montado dentro de tu cabeza, Adán.

ADÁN: ¿Yo me monto pelis?

EVA: Una de tantas.

ADÁN: ¿Y a ti qué te pasa?

EVA: ¿A mí? Nada.

DAVID: No discutáis.

ADÁN: No, si no discutimos.

Pausa.

DAVID: De hecho, si os tengo que ser sincero, vuestra relación me parece un poco postiza.

ADÁN: ¿Cómo?

DAVID: Sí, perdona, pero es como una relación sobreactuada.

EVA: ¿Qué quiere decir sobreactuada?

DAVID: Esto que estáis haciendo ahora. Es evidente que estás cabreada porque Adán te ha mandado a la cocina como si fueras la chacha. Y muchas más cosas. Cuando—

ADÁN: Frena. ¿No decías antes que no nos tendríamos que meter en la vida de los demás? Aplícate el cuento. Eva no está cabreada.

EVA: Sí que lo estoy.

ADÁN: ¿Estás cabreada?

EVA: Sí.

ADÁN: ¿Por haberte mandado a la cocina?

EVA: Entre otras cosas.

ADÁN: ¿Y quieres que discutamos delante de David?

EVA: Tú y yo no discutimos.

DAVID: Aparentáis tener una relación perfecta, envidiable, pero es todo fachada.

ADÁN: ¿Quieres que te diga que discutimos? De acuerdo, a veces discutimos. Por chorradas. Como los bailes latinos de los cojones.

EVA: Cosas que a mí me importan.

DAVID: ¿Por qué seguís juntos?

ADÁN: ¿Perdona?

DAVID: ¿Por qué seguís juntos? En realidad no tenéis nada en común.

ADÁN: ¿Qué quiere decir que no tenemos nada en común?

DAVID: Eva es de *Dirty Dancing* y tú de *Avengers*, tú eres un enfermo de los gadgets y Eva de las cosas vintage, Eva quiere bailar bachata y tú preferirías dispararte en el pie.

Ahora el karaoke dentro de la cabeza de Eva, a ritmo de bachata.

EVA:

It must have been love, but it's over now
It must have been good, but I lost it somehow

ADÁN: *(A Eva)* ¿Verdad?

EVA: ¿Qué?

ADÁN: Se llama tener personalidad, ¿sabes? Cada cual tiene sus propios gustos y después tenemos las cosas en común.

DAVID: ¿Qué cosas habéis compartido últimamente?

ADÁN: Muchas.

Y continúa la canción:

EVA:

It must have been love, but it's over now
From the moment we touched, 'til the time had run out

ADÁN: Di algo, ¿no?

EVA: ¿Qué?

ADÁN: Te has quedado así como en pausa. Ayúdame, que este imbécil dice que no hacemos nada juntos, que esto no parece una relación de pareja.

DAVID: Me refiero cosas que los dos queréis hacer, no cosas en las que Eva ha cedido para adaptarse a tus gustos.

EVA: Las relaciones no están nunca equilibradas del todo.

DAVID: Pero tampoco tienden tanto hacia un solo lado. Qué coméis, qué cenáis, dónde vais, dónde viajáis, incluso dónde vivís, todo lo decide él. Todo según los gustos de Adán.

ADÁN: ¡Pactado!

DAVID: ¿Qué sois, Podemos? ¿Por qué no te apuntas a bachata?

De nuevo:

EVA:

I wanna dance with somebody
I wanna feel the heat with somebody
I wanna dance with somebody

With somebody who loves me

ADÁN: ¿Todo esto por la mierda de exprimidor? Vienes aquí a echar mierda sobre nuestra relación por pura envidia, para hacer daño, porque vete tú a saber qué psicopatía hace que no puedas concebir que la gente viva sus relaciones de manera sana.

DAVID: ¿Qué quiere decir sana?

ADÁN: Sana quiere decir no follarse un exprimidor.

DAVID: Yo no me follo—

ADÁN: Pues decir que el exprimidor es tu puta novia.

DAVID: Pongo la mano en el fuego que mi relación con Meg es mucho más sana que la vuestra.

ADÁN: Todos estos mitos del amor romántico, Walt Disney y el príncipe azul son un puto criadero de majaretas. Y perdona, cariño, pero *Dirty Dancing* también es una mierda pastel.

EVA: ¿Cuánto rato piensan tardar en aparcar Álex y Rita? ¿Han ido a dejar el coche a los Monegros?

DAVID: No están aparcando.

Silencio.

DAVID: No están aparcando porque no vendrán. En cualquier momento enviarán un wasap al grupo diciendo que se han quedado en reserva dando vueltas y que quizás ya es demasiadas tarde o que un jabalí les ha atacado o que han visto un ovni. En todo caso no vendrán. Que "mejor lo dejamos para otro día".

Suenan los móviles de los tres. Los tres los miran.

ADÁN: Mejor lo dejamos para otro día.

EVA: ¿Cómo lo sabías?

DAVID: Lo dijeron por el grupo. El otro grupo. El grupo donde vosotros no estáis. El de las barbacoas, las quedadas, el squash. Bueno, de hecho el grupo donde no está Adán. El que se invente la excusa más original para saltarse la cena gana unas birras pagadas. El gato vomitando no ha estado mal, lo reconozco. Sobre todo porque Carmen y Natalia no tienen gato.

EVA: ¿Pero por qué se tienen que inventar excusas?

ADÁN: Porque tenemos que cambiar de amigos, ya hace tiempo que te digo que pasemos de ellos.

EVA: Ellos son mis amigos.

ADÁN: Pues son todos unos gilipollas.

DAVID: Cada vez que decís de quedar se inventan planes para no tener que veros.

ADÁN: Os podéis ir todos a tomar viento. Haremos amigos nuevos.

DAVID: ¿Los comprarás en Aliexpress?

ADÁN: Yo no compro en Aliexpress.

DAVID: Pues en el Apple Store.

ADÁN: ¿Y tú cambiarás de novia y pasarás a follarte el microondas de Álex?

(*Alexa: *Reproduciendo *playlist "música para follar". Suena la canción que menos te apetecería en estos momentos)

ADÁN: Álex, he dicho Álex. Parar música. PARAR MÚSICA.

Parar ahora.

Pausa.

ADÁN: Os podéis ir a la mierda con vuestro grupo, vuestro squash y vuestras barbacoas.

DAVID: También es el grupo donde nos preguntamos por qué narices seguís juntos.

EVA: [...]

DAVID: Eva, lo siento. No quería decirlo así.

EVA: ¿Por qué?

DAVID: Porque tú sí eres amiga mía.

EVA: No, ¿por qué no nos soportan?

DAVID: No soportan a Adán.

EVA: ¿Por?

DAVID: Porque es un esnob, porque no se preocupa por nadie, ni otra cosa que no sea presumir, comparar, ningunear, criticar... La lista es larga.

EVA: ¿Y qué más?

DAVID: Pues porque no soportan... No soportamos... Ver cómo te trata.

ADÁN: ¿Cómo la trato?

DAVID: Como un objeto.

ADÁN: ¿Yo te trato como un objeto?

Eva no responde.

DAVID: No creo que Adán vea mucha diferencia entre tú y Meg. No dejes que te trate como una cosa más que puede poseer. Te mereces a alguien mejor que Adán.

ADÁN: ¿Te está tirando la caña?

DAVID: Explícame la diferencia entre el trato hacia Eva y Meg.

ADÁN: Eva no me hace zumos de naranja.

EVA: ¿En serio?

ADÁN: Es coña, amor. Es que la pregunta es tan estúpida que no sé ni por dónde cogerla.

DAVID: La exprimes.

ADÁN: ¿Qué?

DAVID: La exprimes. Has cogido lo mejor de Eva y te has aprovechado de ello. La novia simpática que cae bien a todo el mundo y te consigue un lugar de privilegio dentro del grupo, la mujer con un buen trabajo que te paga los caprichos—

ADÁN: Perdona, pero yo trabajo, ¿eh?

DAVID: ¿Quién te consiguió el trabajo? Has exprimido cada una de sus cualidades, le has sacado todo el jugo y ahora, cuando sabes que se lo debes todo, la tratas como una mierda.

ADÁN: ¿Yo te trato como una mierda?

DAVID: ¿Qué me dices del vestido, Eva?

ADÁN: ¿Qué le pasa al vestido? ¿No le puedo hacer un regalo?

DAVID: No es por ti, es por él. Antes has dicho que cómo podía ser que en nueve años no te conozca los gustos. Sí que los conoce. Y tanto. Lo que pasa es que no le gustan y te los quiere cambiar. El Seat Ibiza, el piso viejo —que a ti te gustaba tanto— las tazas. Y tú. Ese vestido que no te pondrías nunca es su manera de demostrar que para Adán no eres más que una Barbie.

Pausa.

EVA: ¿Todos pensáis esto de mí?

DAVID: Lo siento.

EVA: Igual sí tengo que cambiar de amigos.

ADÁN: Yo ya te lo decía.

EVA: Me gustaría pensar que mis amigos me pueden decir a la cara que Adán es imbécil.

ADÁN: ¿Perdona?

EVA: Es fuerte, ¿no? Una cosa es que haga mucho que yo pienso que eres un imbécil y otra que lo piense todo el mundo a mi alrededor. Porque cuando solo yo pienso que eres imbécil, pues soy una mártir, pero cuando de pronto lo piensa todo el mundo, entonces paso a ser imbécil por asociación. Todo lo que ha dicho David... Esnob, nada en común, decidirlo tú todo, egoísta... ¿Te piensas que es la primera vez que lo veo? ¿Que no me ha pasado por la cabeza millones de veces?

ADÁN: ¿Y por qué nunca has dicho nada?

EVA: ¿Me escuchas alguna vez?

ADÁN: Sí.

EVA: Venga, va. Hace tiempo que te has hecho esta relación a medida. Y es culpa mía no haber hecho nada. Supongo que al final siempre he sido un poco como Baby Hausmann al principio de la peli.

ADÁN: ¿Qué?

DAVID: *Dirty Dancing.*

ADÁN: Ah.

EVA: Creía que podía cambiar el mundo.

ADÁN: Amor, me pierdo.

EVA: Tenemos que hablar más.

ADÁN: Hablaremos más, te lo prometo.

EVA: En general. Todo el mundo. Me parece que nos comunicamos poco, ¿no? En qué clase de mundo no podemos decir a nuestros amigos: ey, deja a este gilipollas que nos estropea las cenas. *(Pausa. A David)* ¿Qué quieres?

DAVID: Quiero que Meg venga conmigo. A vivir conmigo.

ADÁN: ¡Ja! Ya te puedes ir olvidando.

DAVID: Quiero poder pasar ratos con ella. Quiero hacer lo que hacen todas las parejas.

ADÁN: Pues te compras tú tu propio exprimidor.

DAVID: No sería Meg.

ADÁN: No, igual es Jennifer Lopez.

DAVID: No has abierto tu regalo.

ADÁN: Y después dirás que soy un materialista.

EVA: Ábrelo.

Adán lo hace. Es la caja de un exprimidor igual que Meg.

ADÁN: [...]

DAVID: He pensado que—

ADÁN: Ya sé lo que has pensado. Y no.

DAVID: ¿Por qué?

ADÁN: Porque no quiero otro exprimidor. Quiero el mío. Es mío y me gusta y no te lo quiero dar.

EVA: Pero si son iguales.

ADÁN: No son iguales. Dámelo...

DAVID: No.

ADÁN: Que me lo des.

DAVID: ¿Me pegarás?

ADÁN: Si hace falta, sí.

DAVID: Tú sabes que hace dos años que hago aikido con Víctor y Lucas?

ADÁN: ¿Cómo quieres que lo sepa si tenéis grupos secretos?

DAVID: Deja de hacer el idiota. Quédate el regalo. Ponle un nombre ridículo como Dora la exprimidora y déjanos ser felices.

ADÁN: No.

EVA: Por favor, no seas ridículo. Si son exactamente iguales, la misma marca, mismo modelo—

ADÁN: No.

EVA: Haz el puto favor de darle el exprimidor.

ADÁN: No lo pienso cambiar. Punto.

EVA: ¿Y si te digo que o el exprimidor o yo?

ADÁN: No puedes ir en serio.

EVA: Responde.

ADÁN: No pienso elegir.

EVA: Y por qué no puedes dárselo?

ADÁN: Porque no tiene la muesca junto a la E.

DAVID: Tú también la has visto.

ADÁN: Está claro que la he visto. Es lo primero en lo que me fijé cuando lo conocí.

EVA: ¿Conocerlo?

ADÁN: *(Cogiendo a Meg y entrando en su karaoke mental particular)*

And I can't describe
But it's something about the way you look tonight
Takes my breath away
The way you look tonight.

Este piso, esta cocina, son para Eltron. ¿Cómo podía permitir que pasara sus días en aquella cocina vieja y pequeña, sobre aquel mármol de imitación y conviviendo justo debajo del armario de las putas tazas rústicas?

EVA: ¿Quién cojones es Eltron?

ADÁN: Eltron John.

EVA: El puto exprimidor.

ADÁN: Lo quiero. No es una cosa que haya elegido, pero lo quiero. Lo siento, Eva.

EVA: Es mío. El exprimidor. Perdonadme que yo no le haya puesto un nombre como vosotros, y eso que desde el momento en que llegó a nuestras vidas tengo la sensación que todos hemos orbitado a su alrededor.

ADÁN: Eva, recuerdo perfectamente ir a la tienda y—

EVA: 1 de agosto de 2022. Fuimos juntos a la tienda. Estabas tan nervioso. Y yo me sentí celosa. Y estúpida. ¿Cómo podía estar celosa de un exprimidor? Pero no parabas de hablar de él. Y no estábamos en un buen momento y se me ocurrió que el exprimidor podía ser un parche a la herida abierta de nuestra relación. Ahora sé que la herida solo sangraba por mi lado. Semanas esperando que lo tuvieran en stock. Recibimos la llamada. Yo también estaba nerviosa. Los nervios de cuando sabes que te metes a la otra en casa. En el fondo siempre lo he sabido. También será tuyo, pensaba. Verde. Yo prefería el color verde claro, más vintage, y hacía juego con las tazas de mi abuela, las que siempre has detestado, pero evidentemente tú lo quisiste rojo. Rojo. Y fuimos a pagar y tú te habías dejado la cartera. Pagué yo. Cornudo y apaleado. Así que, técnicamente, es mío. Es difícil competir contra un exprimidor, un teléfono, un coche. Ese día empezaste a hablar de cambiarnos de piso. Pensé que tú también querías arreglar las cosas. Tendría que haberte dejado.

ADÁN: Yo no me imagino la vida sin ti.

EVA: Y yo tampoco. Y por eso da tanto miedo. Pero no puede ser peor que esto. No puede ser peor que ir a remolque en un viaje que no has elegido y que no te apetece hacer.

ADÁN: ¿Qué quieres hacer?

EVA: Las putas clases de baile.

ADÁN: Hecho.

EVA: Yo sola.

ADÁN: ¿Y nosotros?

EVA: Él o yo.

ADÁN: Eva...

EVA: Él o yo.

ADÁN: [...]

EVA: Tranquilo. No te haré elegir. No quiero saber la respuesta. Ya la sé. Creo que mi ego ya ha sufrido una dosis de realidad suficiente esta noche. Y quizás sí que tienes razón y las pelis de Nora Ephron, Meg Ryan y *Dirty Dancing* son una mierda. ¿Quién cree que se puede ir por el mundo con la rama de olivo en la mano y no recibir una bofetada de realidad? Las relaciones son así, ¿no? O exprimes o te exprimen. No se puede perder el tiempo intentando cambiar al otro. Lo más importante es no permitir que el mundo te cambie a ti. Joder, me estoy escuchando y parezco una puta taza de Mr. Wonderful.

ADÁN: ¿Y cómo acaba la peli?

EVA: Este es mi espacio y este es el tuyo.

ADÁN: Joder, amor, deja de hablar en código.

DAVID: Yo la entiendo.

ADÁN: Estupendo, gracias.

DAVID: *Dirty Dancing.*

EVA: Me voy, Adán. Volveré a buscar mis cosas. De hecho, la mayoría están aún dentro de las cajas.

ADÁN: Pero Eva—

EVA: Cállate. No digas nada. Esta vez no digas nada. Ah, y me quedo el coche. Ahora es mío, ¿no? Lo he ganado. He ganado la apuesta. Aunque la novia de David al final no ha sido lo que ninguno de los dos esperaba. Un consejo, haz el puto favor de ver *Dirty Dancing* alguna vez en tu vida. Espero que encuentres a tu media naranja. *(Saliendo, se para)* Alexa, pon la lista de reproducción Fiesta Inauguración Piso.

*Suena **The Time of My Life**. Eva mira a Adán, se acerca, él atisba un hilo de esperanza. Ella le arrebata el exprimidor de las manos y se lo entrega a David justo en el momento épico de la canción en que Jennifer Grey salta en brazos de Patrick Swayze. David reproduce la coreografía con Meg.*

EVA: No permitiré que nadie me arrincone.

Oscuro final.

(Is this the character or the actor?)
I'm sorry. I'm not sure what happens now?

SZENIKA

Revolt she said, revolt again
de Alice Birch